Let's
Access · Word
Excel · PowerPoint

국제공인 MOS 자격증 대비 시리즈
액세스 마스터 합격 수험서

유광현 지음
Microsoft Office Specialist

MOS 2016
Master 합격기본서
Access

엠제이씨북스

초판1쇄 인쇄 2021년 12월 10일
초판1쇄 발행 2021년 12월 24일
지은이 유광현
감수 조진영
기획 김응태
표지·내지디자인 서제호, 서진희
제작 조재훈
판매영업 김승규, 권기원

발행처 ㈜아이비김영
펴낸이 김석철
등록번호 제22-3190호
주소 (06728)서울 서초구 서운로 32, 우진빌딩 5층
전화 (대표전화) 1661-7022
팩스 070-4014-0797

ISBN 978-89-6512-147-3 13000
정가 10,000원

잘못된 책은 바꿔드립니다.

Information

● MOS 안내

MOS (Microsoft Office Specialist)란? 마이크로소프트 오피스 프로그램에 대한 자격증으로 높은 수준의 오피스 활용능력이 있음을 증명 할 수 있습니다.

Microsoft
Office Specialist

MOS는 시작부터 종료까지 100% 컴퓨터 상에서 진행되는 CBT(Computer Based Test)로 평가 방식이 정확함은 물론 시험 종료 즉시 시험 결과를 알 수 있습니다.

Microsoft Office Specialist는 Microsoft가 직접 인증함으로 그 공신력과 정확성을 인정 받을 수 있는 국제인증 자격시험입니다.

● MOS 활용

현재 170여 개국, 9,500여 개 시험센터에서 시행되는 국제 자격증은 세계 어디서나 인정 받을 수 있습니다. 미국에서는 이미 MOS 자격증이 보편화 되었고, 국내에서는 취업 자격을 갖추고자 하는 대

직장인	객관적인 인사자료(승진, 인사고과) , 정보능력 개발
대학생	취업대비, 졸업자격 및 학점인정
중.고등학생	대입에 필요한 정보소양능력 자격증 취득
일반인	국제 자격증 취득, 자기개발

학생들과 직장인들의 승진 및 인사고과 자료로 적극 활용 되고 있습니다.

● 2016 Master 자격 기준

버전	자격
2016	Word(Expert), Excel(Expert),Powerpoint(Core)는 필수 취득하고, Access(Core), Outlook(Core)는 선택으로 1과목을 취득하여 4개의 자격증을 획득하면 Master 자격을 받는다.

● MOS 2016 특징

MOS2013이 한 개의 프로젝트를 해결하는 반면 MOS2016은 소규모 프로젝트 다수를 해결하도록 변경되었습니다.(소규모 프로젝트 5~8개) 시험 시간 50분 동안 여러 가지 프로젝트를 완료해야 합격이 가능합니다. MOS2016은 작업형 평가 방식으로 메뉴 이름을 사용하지 않으며, MOS2013버전보다 Office 기능을 더 폭넓고 깊이 있게 이해해야 합니다. 입사 후 업무에서 바로 사용할 수 있는 실무중심의 문제와 기능들로 구성되어 있습니다.(대학교 수업의 보고서 제작 및 발표에도 바로 활용할 수 있습니다.) 시험 종료 후 바로 시험 결과 확인 및 MOS 자격증 활용이 가능합니다. 성적표에는 취득 점수와 합격여부는 물론,기능별 0~100% 성취도를 확인할 수 있으며, 취약부분을 분석해 심화 학습할 수 있습니다.

Information

● **과목별 평가항목**

W Word 2016 Expert 등급 평가항목

[시험시간 50분 / 합격점수 1000점 중 700점 이상 합격]

Skill Set	시험구성	
문서 관리 및 공유	• 여러 문서 및 템플릿 • 문서 변경 내용 관리	• 관리검토용 문서 준비
고급 문서 디자인	• 고급 서식 적용과 수정	• 고급 스타일 적용
고급 참조 만들기	• 색인 만들기 및 관리 • 양식, 필드 및 편지 병합 작업 관리	• 참조 만들기 및 관리
사용자 지정 WORD 요소 만들기	• 블록, 매크로, 컨텐츠 컨트롤 만들기와 수정 • 국제화 및 접근성을 위한 문서 준비	• 사용자 스타일 및 템플릿 만들기

X Excel 2016 Expert 등급 평가항목

[시험시간 50분 / 합격점수 1000점 중 700점 이상 합격]

Skill Set	시험구성	
통합문서 옵션 설정 관리	• 통합문서 관리통합문서 검토	
사용자 지정 서식 페이지 레이아웃 적용	• 사용자 지정 데이터 서식 적용 • 사용자 통합문서 요소 만들기 및 수정	• 고급 조건부 서식 및 필터링 적용 • 접근성을 위한 통합문서 준비
고급 수식 만들기	• 수식에 함수 적용 • 함수 사용하여 데이터 찾기, 고급 날짜 • 데이터 분석과 경영 정보 분석	• 함수를 사용하여 데이터 찾기 • 수식 검사 • 범의와 개체 정의
고급 차트 피벗 테이블 작성	• 고급 차트 만들기 • 피벗 차트 만들기 및 관리	• 피벗 테이블 만들기 및 관리

P PowerPoint 2016 Core 등급 평가항목

[시험시간 50분 / 합격점수 1000점 중 700점 이상 합격]

Skill Set	시험구성	
프리젠테이션 만들기 프레젠테이션 관리	• 프리젠테이션 만들기 • 슬라이드, 핸드아웃, 노트 수정 • 프리젠테이션 옵션과 보기 변경 • 프리젠테이션 슬라이드쇼 구성 및 표시	• 슬라이드 삽입과 서식 • 슬라이드 정렬 및 그룹화 • 프리젠테이션 인쇄
텍스트, 도형, 이미지 삽입 서식 지정	• 텍스트 삽입 및 서식 지정 • 도형 및 텍스트 박스 삽입 및 서식 지정	• 이미지 삽입 및 서식 지정 • 개체 정렬 및 그룹화
표, 차트, 스마트아트 미디어 삽입	• 표 삽입 및 서식 지정 • 스마트아트 삽입 및 서식 지정	• 차트 삽입 및 서식 지정 • 미디어 삽입 및 서식 지정
전환 및 애니메이션 적용	• 슬라이드 간 전환 적용 • 전환 및 애니메이션 타이밍 설정	• 슬라이드 내용에 애니메이션 효과 주기
여러 프리젠테이션 관리	• 여러 프리젠테이션 내용 병합	• 프리젠테이션 완성하기

A Access 2016 Core 등급 평가항목

[시험시간 50분 / 합격점수 1000점 중 700점 이상 합격]

Skill Set	시험구성	
데이터베이스 작성 데이터베이스 관리	• 데이터베이스 작성 및 수정 • 데이터베이스 탐색 • 데이터베이스 인쇄 및 내보내기	• 관계 및 키 관리 • 데이터베이스 보호 및 유지
테이블 구축	• 테이블 만들기 • 기록 관리	• 테이블 관리 • 필드 만들기 및 수정
쿼리 작성	• 쿼리 작성 • 쿼리내의 계산된 필드 및 그룹 활동	• 쿼리 수정
양식 작성	• 폼 작성 • 폼 양식	• 폼 컨트롤 설정
보고서 작성	• 보고서 만들기 • 보고서 형식	• 보고서 컨트롤 설정

Contents

PART **II**

실전대비 문제풀이

Microsoft Office Specialist

Access

PART
1

평가항목별
상세 기능 익히기

01

데이터베이스
작성 및 관리

데이터베이스를 구축하는데 필요한 자료를 수집하고 수집된 자료를 기반으로 DB를 구축하는 방법, 구축된 DB에서 자료의 독립성 및 무결성을 확보하면서 사용할 수 있도록 관계 및 조인 속성을 지정하는 방법을 살펴봅니다. 데이터베이스의 안정성 확보를 위한 데이터베이스 압축, 백업, 분할 등의 작업과 사용자가 자료를 검색하고 인쇄하는 작업에 필요한 기능을 살펴봅니다.

데이터베이스 작성 및 수정

🔘 예 제 파 일   네비게이션정보.accdb, 예제파일_13.accdb, 테이블구축.accdb, 커피.csv
핵심 키워드   외부 데이터 가져오기, CSV확장자, 서식(템플릿)파일, 개체 관리

❶ **외부데이터 가져오기** : 다른 데이터베이스 파일, 텍스트 파일, 엑셀 파일의 내용을 현재 데이터베이스로 가져오기 합니다.

❷ **서식(템플릿)파일** : 테마가 적용된 파일을 사용해서 새 데이터베이스를 작성합니다.

❸ **CSV확장자** : 쉼표(,)를 이용하여 열(필드)을 구분한 파일 형식입니다.

❹ **개체관리** : 테이블, 폼, 보고서, 쿼리 등 데이터베이스를 구성하는 개체 생성, 삭제, 이름변경, 숨기기 등의 작업을 합니다.

작업 1 "네비게이션정보.accdb" 데이터베이스 파일에 "예제파일_13.accdb" 데이터베이스 파일의 "제품정보" 테이블을 가져오기 합니다. 가져오기 단계는 저장하고, 새로운 테이블 이름은 "제품정보"로 합니다. 기타 모든 설정은 기본값으로 유지합니다.

💡해결

1. [외부 데이터]–[가져오기 및 연결]–[Access]명령 선택합니다.

2. [찾아보기]선택 후 "예제파일_13" 지정 [확인]선택합니다.

3. [테이블] "제품정보" 테이블을 선택합니다.

4. [가져오기 단계 저장]선택 [가져오기 저장]선택합니다.

5. 결과 확인 후 [저장]합니다.

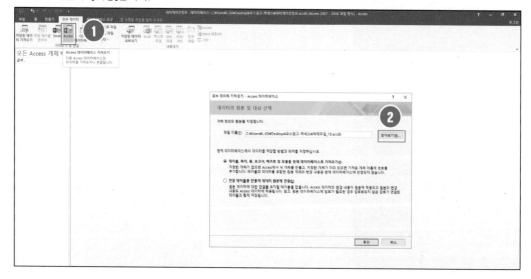

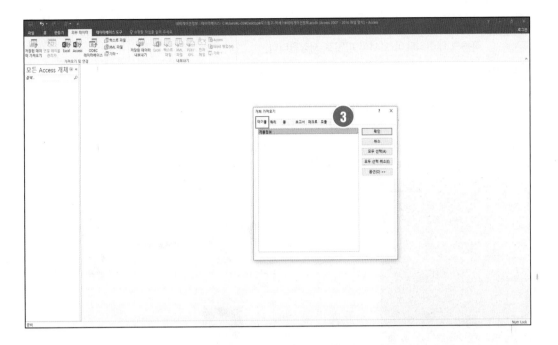

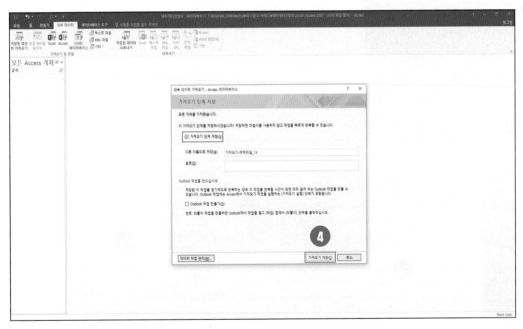

"자산 추적" 이라는 서식 파일을 사용하여 새로운 데이터베이스 작성합니다. "자산 추적 내역" 이라는 이름의 데이터베이스 서식 파일로 저장합니다.

해결

1. 빈 데이터베이스 파일 [새로 만들기]–[서식 파일]–[자산 추적]서식 파일 선택합니다.
2. 모든 개체 닫은 후 [파일]–[다른 이름으로 저장]명령 선택합니다.
3. [다른 이름으로 저장]대화상자 파일형식을 "서식파일" 선택합니다.
4. 파일 이름 "자산 추적 내역"으로 입력하고 [확인] 선택합니다.

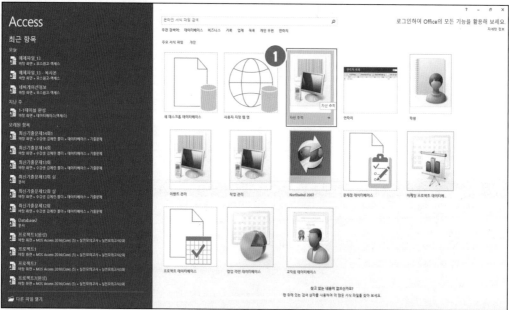

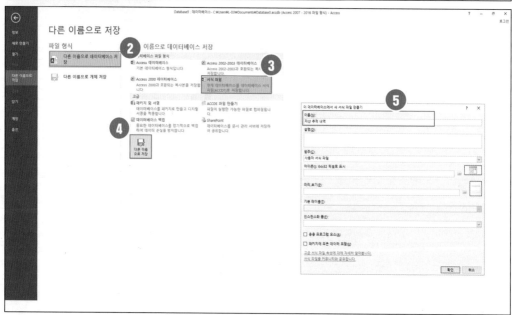

작업 3 "테이블구축.accdb" 데이터베이스 파일에 "커피.csv" 파일 내용을 가져오기합니다. "커피.csv" 파일은 쉼표(,)로 구분, 첫 행에는 열 머리글이 포함되어 있으며, "매장면적" 필드는 가져오기 않습니다. 기본키는 없음으로 지정하고 테이블의 이름은 "커피가맹점"으로 지정합니다. 이 외의 선택사항은 기본값을 유지합니다.

해결

1. [외부 데이터]-[가져오기 및 연결]-[텍스트 파일]명령 선택합니다. 지정된 경로 설정 후 "커피.csv" 파일 선택합니다.

2. 데이터를 저장할 위치 및 방법에서 "현재 데이터베이스의 새 테이블로 원본 데이터 가져오기" 선택합니다.

3. [텍스트 가져오기 마법사]대화상자에서 "구분기호: 쉼표(,)" 선택합니다.

4. [텍스트 가져오기 마법사]대화상자에서 "첫 행에 필드이름 포함" 선택합니다.

5. [텍스트 가져오기 마법사]대화상자에서 "매장면적" 필드선택 "필드 포함 안함" 지정합니다.

6. [텍스트 가져오기 마법사]대화상자에서 "기본키 없음" 선택합니다.

7. [텍스트 가져오기 마법사]대화상자에서 테이블 이름 "커피가맹점"으로 지정합니다.

8. 결과 확인 후 [저장]-[닫기]합니다.

※ 데이터베이스 파일은 작업 후 [저장]-[닫기]합니다. 개체가 열려있으면 다른 작업에 영향을 미칠 수 있습니다.

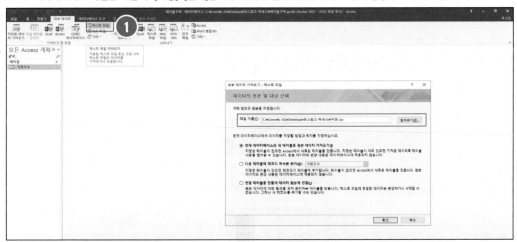

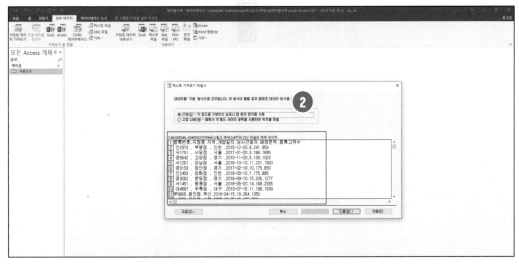

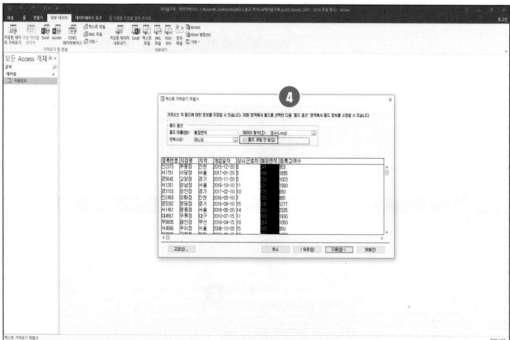

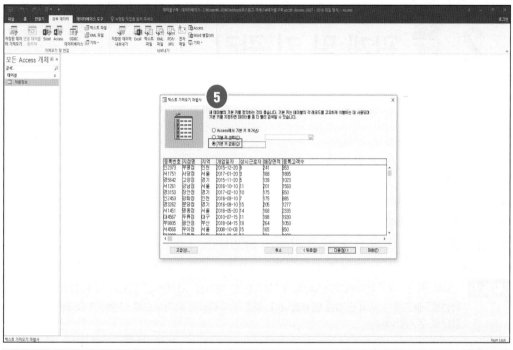

① 서식 파일을 사용해서 새 데이터베이스를 시작하고 형식을 변경해서 저장하는 작업과정을 정확히 학습합니다.

② 외부 데이터 가져오기 명령을 사용해서 다른 데이터베이스 파일의 개체를 가져오는 과정 및 설정 사항을 정확히 학습합니다.

③ 외부 데이터 가져오기 명령을 사용해서 csv파일을 현재 데이터베이스로 가져오는 단계별 작업 및 설정 사항을 정확히 학습합니다.

SECTION

2 관계 및 키 관리

• Access •

📍 예 제 파 일   관계예제.accdb
핵심 키워드   관계설정, 관계편집, 관계삭제, 조인속성

❶ **관계 설정** : 두 개 테이블의 공통 필드를 사용해서 테이블을 연결해서 사용할 수 있도록 합니다.

❷ **관계 편집** : 기존 관계를 수정하거나 삭제하는 작업입니다.

❸ **조인 속성** : 관계를 설정하는 방법을 지정하는 작업입니다.

작업 1 "관계예제.accdb" 데이터베이스파일의 "고객정보" 테이블 "고객번호" 필드와 "주문정보" 테이블 "곡객번호" 필드를 1:M의 관계를 연결합니다. 참조의 무결성을 유지하도록 설정하고 그 외의 값은 기본 값으로 유지합니다.

💡해결

1. [탐색창]-[테이블] "고객정보" [마우스 오른쪽 버튼]-[디자인 보기]명령 선택합니다.

2. "고객번호" 필드선택 [기본키]지정 테이블 [저장]-[닫기]합니다.

3. [데이터베이스 도구]-[관계]-[관계]명령 선택합니다.

4. 관계를 지정할 두 테이블(고객정보, 주문정보) 표시 "고객번호" 필드를 드래그해서 겹쳐놓기 합니다.

5. [관계 편집]대화상자 "항상 참조 무결성 유지" 항목 선택합니다.

6. 결과 확인후 관계 [저장]-[닫기]합니다.

　※ 기본키 필드(1)를 외래키 필드(M)드래그합니다.

　※ 1 : M 관계에서 1의 필드는 중복값을 가질 수 없도록 기본키로 지정되어 있어야 합니다. 기본키로 지정되어 있지 않다면
　　관계 설정 전에 테이블디자인 보기에서 기본키로 설정하고 관계작업을 설정해야 합니다.

　※ 데이터베이스 파일은 작업 후 [저장]-[닫기]합니다. 개체가 열려있으면 다른 작업에 영향을 미칠 수 있습니다.

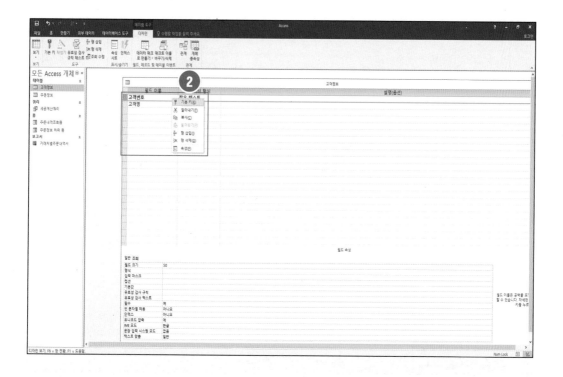

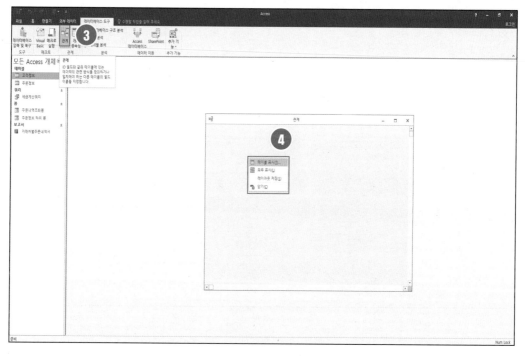

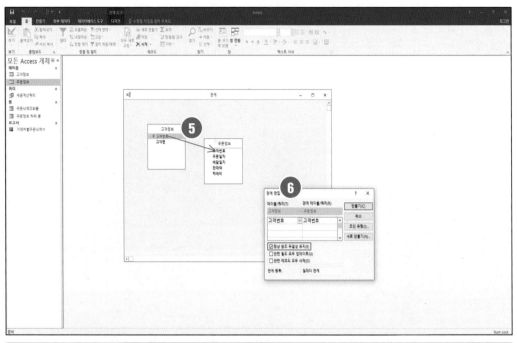

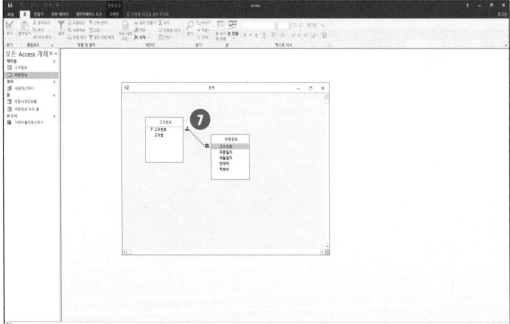

작업 2 "관계예제.accdb" 데이터베이스 파일의 "고객정보" 테이블과 "회사정보" 테이블의 관계를 삭제합니다.

해결

1. [데이터베이스 도구]–[관계]명령 선택합니다.

2. [관계]창 "고객정보" 테이블과 "회사정보" 테이블 관계 연결선을 정확히 선택 [마우스 오른쪽 버튼]–[삭제]명령 선택합니다.

3. 결과 확인 후 관계 [저장]–[닫기]합니다.

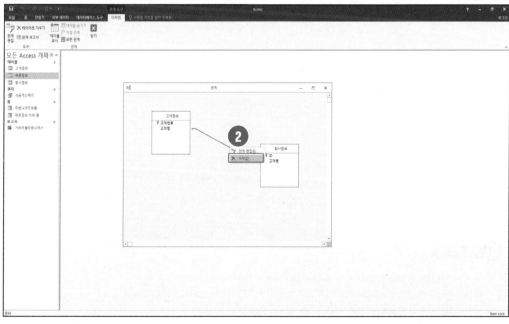

작업 3 "관계예제.accdb" 데이터베이스 파일 "고객정보" 테이블과 "주문정보" 테이블에 "'고객정보' 테이블에서는 모든 레코드를 포함하고 '주문정보' 테이블에서는 조인된 필드가 일치하는 레코드만 포함" 되도록 조인 속성을 지정합니다.

해결

1. [데이터베이스 도구]–[관계]–[관계]명령 선택합니다.
2. "고객정보" 테이블과 "주문정보" 테이블 관계선 [마우스 오른쪽 버튼]–[관계편집]명령 선택합니다.
3. [관계 편집]대화상자 [조인유형]명령 선택합니다.
4. [조인 속성]대화상자 "'고객정보'테이블에서는 모든 레코드를 포함하고 '주문정보'테이블에서는 조인된 필드가 일치하는 레코드만 포함" 조인 속성 선택 [확인]합니다.
5. [관계 편집]대화상자 [닫기]합니다.
6. 결과 확인 후 관계 [저장]–[닫기]합니다.

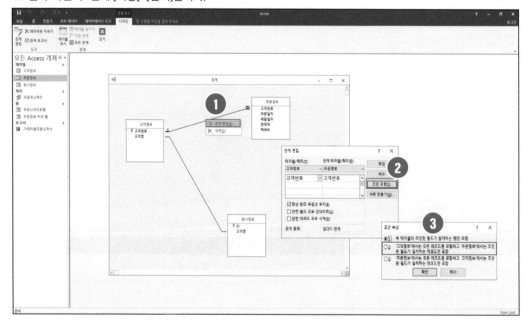

만점합격Tip

① 두 테이블의 관계 관련(삭제, 연결, 편집) 작업 과정을 정확히 학습합니다.
② 관계를 설정할 때 기본키로 지정하는 전제 작업이 있는 경우 작업 과정을 정확히 학습합니다.
③ 관계 편집창의 조인 속성을 지정하는 작업 과정을 정확히 학습합니다.

• Access •

SECTION

3

Access

Word

Excel

PowerPoint

데이터베이스 탐색

📍 예 제 파 일   데이터베이스탐색.accdb
핵심 키워드   레코드 탐색, 탐색폼 만들기, 폼 표시

❶ **레코드 탐색** : 테이블 데이터시트보기 상태에서 자료(레코드)를 검색, 이동, 찾기 등의 작업을 합니다.
❷ **탐색 폼** : 자료를 검색할 수 있는 폼으로 테이블, 쿼리, 보고서 등을 이용하여 작성할 수 있습니다.
❸ **폼 표시** : 데이터베이스 옵션에서 데이터베이스 파일을 열 때 기본적으로 활성될 폼을 지정할 수 있습니다.

작업 1 "데이터베이스탐색.accdb" 데이터베이스 파일 "채널정보" 테이블의 15번째 레코드로 이동합니다.

💡 해결

1. [탐색창]–[테이블] "채널정보" [마우스 오른쪽 버튼]–[열기]명령 선택합니다.
2. 화면 하단 [레코드 선택기] 이동할 레코드 번호 "15"를 입력합니다.
3. 결과 확인 후 테이블 [저장]–[닫기]합니다.

※ 테이블 레코드(자료)에 대한 필터, 정렬, 이동, 삽입, 수정, 삭제 작업은 테이블 열기상태에서 작업합니다.

작업 2 "데이터베이스탐색.accdb" 데이터베이스 파일 "채널정보" 테이블에서 "여행정보" 레코드로 이동합니다.

해결

1. [탐색창]-[테이블] "채널정보" [마우스 오른쪽 버튼]-[열기]명령 선택합니다.
2. 화면 하단 [레코드 탐색기] 검색란에 "여행정보"를 입력합니다.
3. 결과 확인 후 테이블 [저장]-[닫기]합니다.

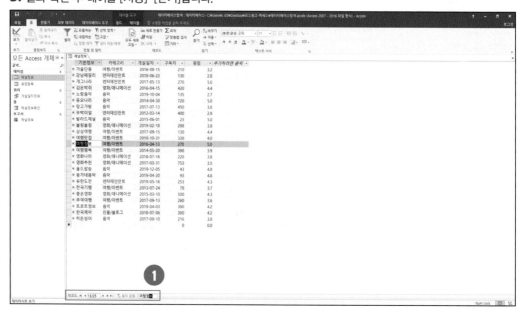

작업 3 "데이터베이스탐색.accdb" 데이터베이스 파일 "채널정보확인" 폼과 "측정항목" 테이블로 구성되는 "세로 탭, 오른쪽" 탐색폼을 생성하고 "채널측정항목탐색" 폼으로 저장합니다.

해결

1. [만들기]–[폼]–[탐색]–[세로 탭, 오른쪽]명령 선택합니다.

2. 작업에서 제시된 순서대로 "채널정보확인" 폼을 "세로 추가"에 드래그해서 위치한 후, "측정항목" 테이블을 다음 "세로 추가" 항목에 드래그 추가합니다.

3. [저장]대화상자 "채널측정항목탐색" 폼 이름 입력합니다.

4. 결과 확인 후 테이블 [저장]–[닫기]합니다.

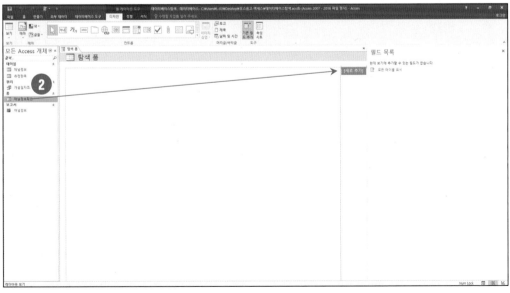

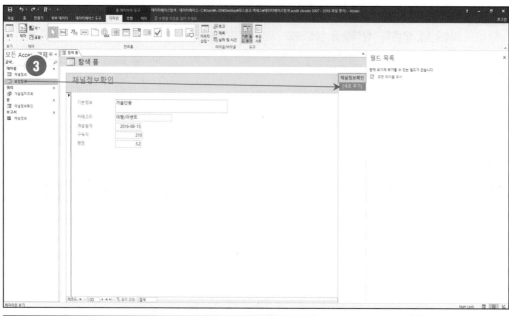

작업 4 "데이터베이스탐색.accdb" 데이터베이스 파일에 "채널정보확인" 폼을 현재 데이터베이스 기본폼으로 설정합니다. 현재 데이터베이스를 종료하지는 않습니다.

💡 **해결**

1. [파일]–[옵션]명령 선택합니다.

2. [옵션]대화상자 [현재 데이터베이스]–[폼 표시] "채널정보확인" 지정 [확인]선택합니다.

3. 결과 확인 후 테이블 [저장]–[닫기]합니다.

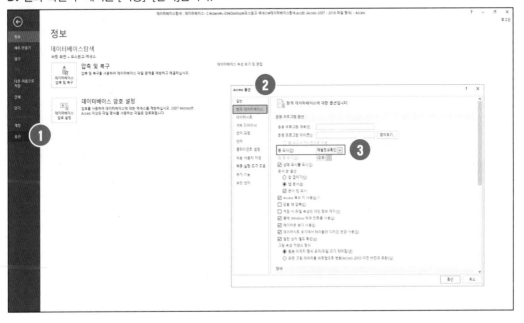

⏱ **만점합격 Tip**

① 테이블 열기(데이트시트보기)상태에서 자료를 이동, 검색하는 작업 과정을 정확히 학습합니다.

② 탐색폼 생성과정에 필요한 개체, 탐색폼 종류를 선택하는 작업 과정을 정확히 학습합니다.

③ 데이터베이스옵션에서 폼표시 항목을 설정하는 작업 과정을 정확히 학습합니다.

데이터베이스 보호 및 유지

예 제 파 일　데이터베이스보호.accdb
핵심 키워드　데이터베이스 암호 설정, 데이터베이스 분할, 데이터베이스 백업, 데이터베이스 압축 및 복구

❶ **데이터베이스 암호 설정**: 데이터베이스 파일을 보호하기 위한 암호 설정 작업을 합니다.

❷ **데이터베이스 분할**: 트래픽을 분산하기 위하여 데이터베이스에 대한 분할 작업을 합니다.

❸ **데이터베이스 백업**: 사용 중인 데이터베이스의 오류에 대비하여 복사본를 생성하는 작업을 합니다.

❹ **데이터베이스 압축 및 복구** : 사용 중인 데이터베이스의 용량 줄이고 손상된 내용의 복구 작업을 합니다.

작업 1 "데이터베이스보호.accdb" 데이터베이스 파일에 "1234"의 암호를 지정하시오.

해결

1. 빈 데이터베이스 파일 [파일]-[열기]명령 선택합니다.

2. "데이터베이스보호" 파일을 선택 [열기]-[열기]-[단독으로 열기]명령 선택합니다.

3. [파일]-[정보]-[데이터베이스 암호설정]명령 선택 [암호 설정]대화상자에 암호 입력합니다.

4. 결과 확인 후 테이블 [저장]-[닫기]합니다.

※ 단독모드로 데이터베이스를 사용하기 위해서는 빈 데이터베이스에서 시작해야 합니다.

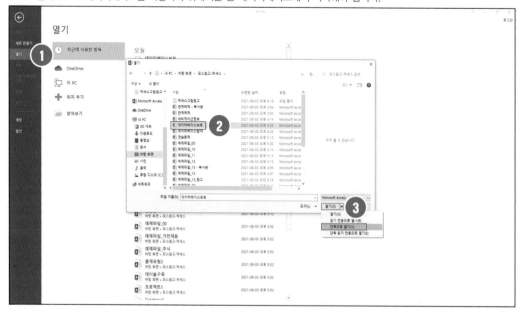

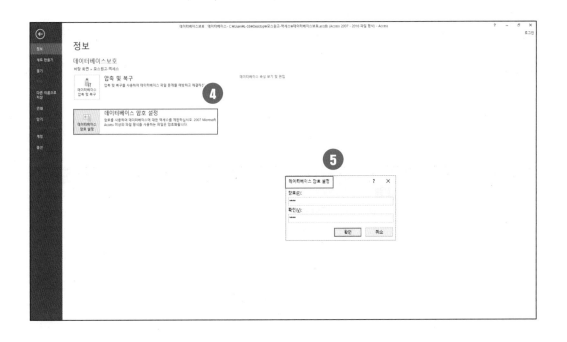

작업 2 "데이터베이스보호.accdb" 데이터베이스 파일을 현재 데이터베이스 이름으로 백업합니다. 나머지 선택 사항은 기본값 상태를 유지합니다.

해결

1. [파일]–[다른 이름으로 저장]–[데이터베이스 백업]명령 선택합니다.
2. [다른 이름으로 저장]대화상자 파일 이름 확인 [저장]합니다.

  ※ 백업 파일 형식으로 저장하면 "기존파일이름–백업날짜" 형식으로 지정됩니다.

작업 3 "데이터베이스보호.accdb" 데이터베이스 파일을 분할합니다. 선택 사항은 기본값을 유지합니다.

해결

1. [데이터베이스 도구]–[데이터 이동]–[Access 데이터베이스] 명령 선택합니다.

2. [데이터베이스 분할]명령 선택합니다.

3. [백 앤드 데이터베이스 만들기]대화상자에서 [분할]선택합니다.

4. 결과 확인 후 [저장]합니다.

작업 4 "데이터베이스보호.accdb" 데이터베이스 파일을 압축 및 복구합니다.

해결

1. [데이터베이스 도구]–[도구]–[데이터베이스 압축 및 복구]명령 선택합니다.
2. 결과 확인 후 [저장]합니다.

    ※ [파일]–[정보]–[데이터베이스 압축 및 복구]명령도 동일한 결과를 얻을 수 있습니다.

작업 5 "데이터베이스보호.accdb" 데이터베이스 파일을 저장할 때 압축하도록 지정합니다.

해결

1. [파일]–[옵션]명령 선택합니다.
2. [Access 옵션]–[현재 데이터베이스] "닫을 때 압축" 지정 [확인]선택합니다.
3. 결과 확인 후 [저장]합니다.

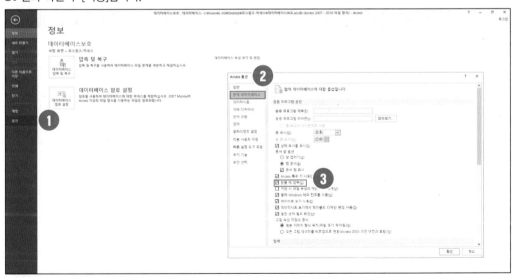

만점합격Tip

① 데이터베이스 파일을 단독모드로 여는 과정과 암호 설정 과정을 정확히 학습합니다.
② 데이터베이스 백업, 압축 및 복구, 분할의 의미와 작업 과정을 정확히 학습합니다.

데이터베이스 인쇄 및 내보내기

📍 예 제 파 일   인쇄.accdb
핵심 키워드   인쇄, 인쇄 옵션 설정, 내보내기

❶ **인쇄**: 개체(테이블, 쿼리, 보고서)의 내용을 인쇄하기 위한 인쇄 옵션 설정 작업을 합니다.

❷ **내보내기**: 개체(테이블, 쿼리 등)내용을 엑셀 파일 형식, 텍스트 파일 형식 등으로 저장하는 작업을 합니다.

작업 1 "인쇄.accdb" 데이터베이스 파일 "일자별카드내역" 테이블 1쪽만 인쇄합니다.

💡**해결**

1. [탐색창]–[테이블] "일자별카드내역" 선택 [파일]–[인쇄]–[인쇄]명령 선택합니다.

2. [인쇄]대화상자 [인쇄 범위]–[인쇄할 페이지] "시작: 1, 끝: 1" 쪽 지정합니다.

3. 결과 확인 후 [저장]합니다.

※ "인쇄" 명령에서는 "인쇄 범위, 인쇄 매수"를 지정합니다.

※ "인쇄 미리보기" 명령에서는 "여백, 용지, 데이터만 인쇄" 등 인쇄 옵션을 지정합니다.

작업 2 "인쇄.accdb" 데이터베이스 파일 "카드사별사용내역" 보고서를 인쇄합니다. 용지 여백을 기본, 데이터만 인쇄되도록 지정합니다.

💡**해결**

1. [탐색창]–[보고서] "카드사별사용내역" 선택 [파일]–[인쇄]–[인쇄 미리보기]명령 선택합니다.

2. [인쇄 미리 보기]–[페이지 크기]–[여백]–[기본]명령 선택합니다.

3. [인쇄 미리 보기]–[페이지 크기]–[데이터만 인쇄]명령 선택합니다.

4. 결과 확인 후 [저장]합니다.

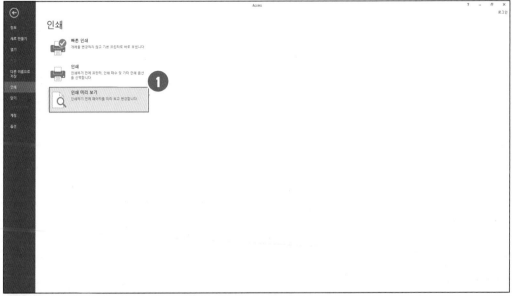

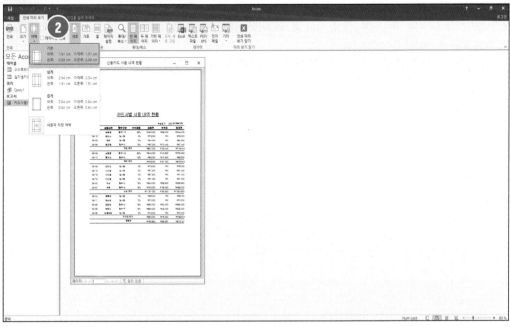

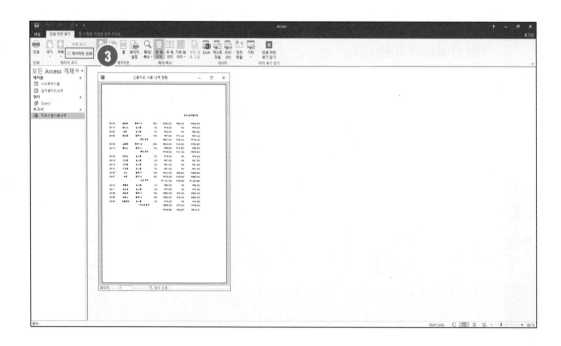

작업 3 "인쇄.accdb" 데이터베이스 파일 "수수료" 테이블 내용을 엑셀 파일 형식으로 저장합니다. 파일 저장 위치를 "내 문서" 폴더에 "수수료내역.xlsx" 파일로 저장합니다. 서식 및 레이아웃은 유지되도록 합니다. 나머지 선택 사항은 기본값을 유지합니다.

해결

1. [탐색창]-[테이블] "수수료" 선택 [외부데이터]-[내보내기]-[Excel]명령 선택합니다.
2. [내보내기]대화상자 "파일이름, 형식, 서식 및 레이아웃 유지 여부" 선택합니다.
3. 결과 확인 후 [저장]-[닫기]합니다.

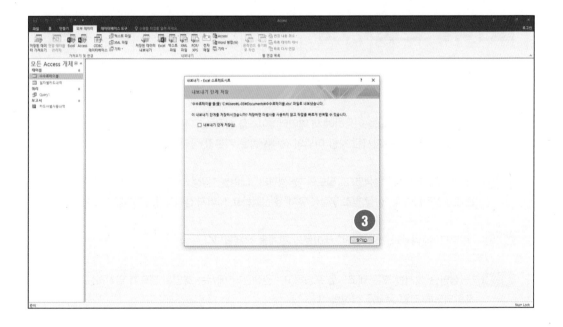

 만점합격 Tip

① 인쇄 옵션 항목 및 설정 작업 과정을 정확히 학습합니다.

② 엑세스 개체(테이블, 폼, 보고서)를 엑셀파일 형식, 텍스트파일형식으로 내보내기(저장) 작업 과정을 정확히 학습합니다.

작업 1 "작업 관리" 서식 파일을 이용하여 새 데이터베이스를 시작하고 "일자별작업관리"의 데이터베이스 파일로 저장합니다. 지시된 사항 이외의 선택사항은 기본값 상태를 유지합니다.

작업 2 "원생명단" 테이블 "원생코드" 필드와 "원생관리" 테이블 "원생코드" 필드를 사용해서 "1 : M"의 관계를 설정합니다. "항상 참조 무결성 유지"를 선택하고, 나머지 선택사항은 기본값으로 설정합니다.

작업 3 "학부모" 테이블과 "원생명단" 테이블의 관계를 삭제합니다.

작업 4 "원생명단"에서는 모든 레코드를 포함하고, "원생관리"에서는 조인된 필드가 일치하는 레코드만 포함되도록 조인 유형을 설정합니다.

작업 5 "상품목록.csv" 파일의 내용을 "상품목록" 새 테이블로 가져오기합니다. 열 구분 기호는 쉼표(,)로 되어 있으며, 첫 행에 필드 이름을 포함하고 있습니다. "재고금액" 필드는 제외하고, 기본키는 없음 으로 설정합니다.

작업 6 "협력업체.accdb" 파일의 "업체명" 테이블을 가져오기합니다. 가져오기 단계는 저장하고 "업체 명" 테이블로 가져오기 합니다. 이 외의 선택사항은 기본값을 유지합니다.

작업 7 "학부모" 폼을 위쪽으로 "학생" 폼을 아래쪽으로 하는 "세로 탭, 왼쪽" 탐색폼을 작성하고 "학생정 보" 이름으로 탐색폼을 저장합니다.

작업 8 "강사현황" 보고서 용지 방향을 가로방향으로 설정하고, 여백을 "좁게"로 설정합니다.

작업 9 "원생명단" 테이블을 3부 인쇄합니다.

작업 10 "등원학생정보" 쿼리를 "등원학생정보.xlsx"의 엑셀 통합 문서로 내문서 폴더에 저장합니다. 서식 및 레이아웃과 함께 내보내기를 선택합니다.

작업 11 현재 데이터베이스에 기본이름으로 백업파일을 저장합니다.

작업 12 "학생정보" 폼을 현재 데이터베이스의 기본폼으로 설정합니다.

작업 13 "판매현황" 테이블 "제품코드" 필드 "TER57" 자료를 검색합니다.

작업 14 현재 데이터베이스를 압축 및 복구합니다.

실전 적용 모의고사 1회 – 작업 과정 해설

작업 1

1. 엑세스 프로그램을 실행하고 서식파일 목록에서 "작업 관리" 서식을 선택하여 새 데이터베이스를 시작합니다.

2. "편집 허용"을 선택합니다.

3. [탐색창]–[테이블] "작업목록" 선택 [마우스 오른쪽 버튼]–[닫기]명령을 선택합니다. 저장여부를 묻는 대화
상자가 표시되면 [예]를 선택합니다.

4. [파일]–[다른 이름으로 저장]명령 선택하고 [데이터베이스 파일형식]에서 "Access 데이터베이스"를 선택
합니다.

5. [다른 이름으로 저장]명령 선택하고 파일저장위치, 파일이름을 지정하고 "확인" 선택합니다. 액세스 프로
그램을 종료합니다.

작업 2

1. [데이터베이스 도구]–[관계]명령을 선택합니다. [관계]편집창 [마우스 오르쪽 버튼]–[테이블 표시]명령 선
택하고, 관계 설정에 필요한 "원생관리" 테이블을 표시합니다.

2. "원생명단" 테이블 "원생코드" 필드를 "원생관리" 테이블 "원생코드" 필드로 드래그해서 겹쳐놓기 합니다.

3. [관계편집]대화상자 선택사항에서 "항상 참조 무결성 유지" 지정 [확인]선택합니다.

4. [관계]창 [저장]–[닫기]합니다.

작업 3

1. [데이터베이스 도구]–[관계]명령을 선택합니다. [관계]창에서 "학부모" 테이블과 "원생명단" 테이블을 연
결하는 관계선 정확히 선택 [마우스 오른쪽 버튼]–[삭제]명령 선택합니다.

2. [관계]저장하고 [관계]창 종료합니다.

작업 4

1. [데이터베이스 도구]–[관계]명령을 선택합니다. [관계]창에서 "원생명단" 테이블과 "원생관리" 테이블을
연결하는 관계선을 정확히 선택 [마우스 오른쪽 버튼]–[관계편집]명령 선택합니다.

2. [관계 편집]대화상자–[조인 유형]명령 선택합니다.

3. [조인 속성]대화상자 "원생명단에는 모든 레코드를 포함하고, '원생관리'에서는 조인된 필드가 일치하는
레코드만 포함" 유형을 선택합니다.

4. [관계편집]대화상자 [확인]선택하고 [관계]를 저장하고 [관계]창을 종료합니다.

작업 5

1. [데이터]–[가져오기 및 연결]–[텍스트 파일]명령 선택합니다.

2. [가져오기]대화상자 [찾아보기]명령을 선택하고 경로를 지정하여 문제에서 제시된 "상품록목.csv" 파일을
선택합니다.

실전 적용 모의고사 1회 – 작업 과정 해설

3. [가져오기]대화상자 [저장할 방법과 위치 지정]에서 "현재 데이터베이스의 새 테이블로 원본 가져오기"를 선택하고 [확인]클릭니다.

4. [텍스트 가져오기 마법사]대화상자 "구분"를 선택 [다음] 클릭합니다.

5. [텍스트 가져오기 마법사]대화상자 "구분 기호 선택: 쉼표", "첫 행에 필드이름 포함"을 선택 [다음] 클릭합니다.

6. [텍스트 가져오기 마법사]대화상자 "재고금액" 필드 선택 [필드 옵션]–[필드 포함 안 함]선택 [다음] 클릭합니다.

7. [텍스트 가져오기 마법사]대화상자 "기본키 없음" 선택 [다음]을 클릭합니다.

8. [텍스트 가져오기 마법사]대화상자 [테이블로 가져오기]에 "상품목록" 테이블 이름을 입력하고 [마침] 클릭합니다.

9. [텍스트 가져오기 마법사]대화상자 가져오기 단계 "저장" 선택하지 않고 [닫기]클릭 합니다.

작업 6

1. [데이터]–[가져오기 및 연결]–[Access]명령 선택합니다.

2. [외부 데이터 가져오기]대화상자 [찾아보기]를 선택 문제에서 제시된 경로에서 "협력업체.accdb" 파일 선택합니다.

3. [외부 데이터 가져오기]대화상자 [저장할 방법과 위치]에 "테이블, 쿼리, 폼, 보고서, 매크로 및 모듈을 현재 데이터베이스로 가져오기" 선택하고 [확인]클릭 합니다.

4. [개체 가져오기]–[테이블]–[업체명]선택하고 [확인]클릭 합니다.

5. [외부 데이터 가져오기]대화상자 [가져오기 단계 저장]선택하고 [닫기]클릭 합니다.

작업 7

1. [만들기]–[폼]–[탐색]–[세로 탭, 왼쪽]명령 선택합니다.

2. [탐색창]–[폼]에서 "학부모" 폼을 드래그 해서 "세로추가" 위치로 이동한 다음, "학생" 폼을 "세로추가" 위치로 드래그해서 이동합니다.

3. [탐색 폼]개체 이름 [마우스 오른쪽 버튼]–[저장]선택 "학생정보" 탐색폼이름 입력하고 탐색폼을 종료합니다.

작업 8

1. "강사현황" 보고서 [마우스 오른쪽 버튼]–[인쇄 미리 보기]명령 선택합니다.

    ※ 주의사항 : [인쇄 미리 보기]를 선택하면 나타나는 "용지 여백~~~" 경고창은 [확인]클릭 합니다.

2. [인쇄 미리 보기]–[페이지 레이아웃]–[가로]선택 합니다.

3. [인쇄 미리 보기]–[페이지 크기]–[여백]–[좁게]명령 선택합니다.

4. [인쇄 미리 보기]에서 저장하고 [인쇄 미리 보기]를 종료합니다.

작업 9

1. [탐색창]–[테이블]–[원생명단]선택 [파일]–[인쇄]–[인쇄 미리 보기]명령 선택합니다.

2. [인쇄 미리 보기]–[인쇄]–[인쇄]명령 선택하고 [인쇄 매수]에 "3"을 입력합니다.

작업 10

1. [탐색창]–[쿼리]–[등원학생정보]선택 [외부 데이터]–[내보내기]–[Excel]명령 선택합니다.

2. [내보내기]대화상자 [찾아보기]명령에서 내보내기에서 저장위치 및 파일이름을 지정합니다.

3. [내보내기]대화상자 [내보내기 옵션]에서 "서식 및 레이아웃과 함께 데이터 내보내기" 선택 [확인]클릭 합니다.

4. [내보내기 단계 저장]대화상자 기본값 유지 [내보내기 저장]클릭 합니다.

작업 11

1. [파일]–[다른 이름으로 저장]명령 합니다.

2. [다른 이름으로 저장]대화상자 [고급]–[데이터베이스 백업]명령 선택합니다.

3. [백업]대화상자는 기본값 상태에서 [저장]클릭 합니다.

작업 12

1. [파일]–[옵션]명령 선택합니다.

2. [Access 옵션]–[현재 데이터베이스]–[폼 표시]–[학생정보]선택 합니다. [Access 옵션]–[확인]클릭 합니다.

작업 13

1. [탐색창]–[테이블]–[판매현황]선택 [마우스 오른쪽 버튼]–[열기]선택 합니다.

　　※ 테이블 이름을 더블클릭해도 열기 가능합니다.

2. "판매현황" 테이블 열기상태 화면 하단의 [레코드 탐색기]–[탐색]에 "TER57" 입력 합니다. 자료가 선택된 것을 확인하였으면 테이블 저장 후 테이블 닫기합니다.

작업 14

1. [데이터베이스 도구]–[도구]–[데이터베이스 압축 및 복구]명령 선택합니다.

데이블 구축

외부 데이터 명령을 사용해서 다른 형식으로 저장된 자료를 현재
데이터베이스파일로 가져와 테이블에 저장하고 생성된 테이블을
구성하는 필드에 삽입, 삭제, 형식 및 속성 변경 및 지정에 대해
살펴봅니다. 테이블에 저장된 자료에 대해 사용자가 조건을 지정
하여 원하는 자료만 필터링하거나 정렬, 요약하는 기능에 대해 살
펴보도록 합니다.

1 테이블 만들기

SECTION

📍 예 제 파 일   테이블구축.accdb
핵심 키워드   외부 데이터 가져오기, 서식 파일

❶ **외부 데이터 가져오기** : 엑셀(xlsx)이나 텍스트(csv)파일을 가져와서 새 테이블을 생성하거나 연결 테이블을 작성하는 작업입니다.

❷ **서식 파일** : 테마가 적용된 서식 파일을 활용해서 새 테이블을 작성하는 작업입니다.

작업 1 "테이블구축.accdb" 데이터베이스 파일에 외부 데이터 가져오기 기능을 이용하여 "선수명단.xlsx" 파일을 가져오기합니다. 새로운 테이블 이름은 "선수명단"으로 합니다. 엑셀의 첫행은 필드 이름을 포함하고, "기본급" 필드는 제외하고, 기본키 없음으로 지정하여 가져오기합니다. 나머지 선택사항은 기본값을 유지합니다.

💡해결

1. [외부 데이터]–[가져오기 및 연결]–[Excel]명령 선택합니다.

2. [가져오기]대화상자 "파일이름: 선수명단.xlsx, 가져오기 방법: 새 테이블로 가져오기" 지정 [확인]선택합니다.

3. [스프레드시트 가져오기 마법사] "첫 행에 열 머리글 있음" 지정 [다음]선택합니다.

4. [스프레드시트 가져오기 마법사] "기본급" 필드 선택 "필드 포함 안함" 지정 [다음]선택합니다.

5. [스프레드시트 가져오기 마법사] "기본키 없음" 지정 [다음]선택합니다.

6. [스프레드시트 가져오기 마법사] "테이블 이름: 선수명단" 지정 [마침]선택합니다.

7. [가져오기 단계]지정하지 않고 [닫기]선택합니다.

8. 결과 확인 후 [저장]합니다.

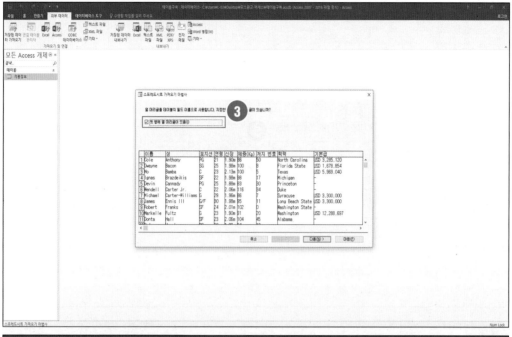

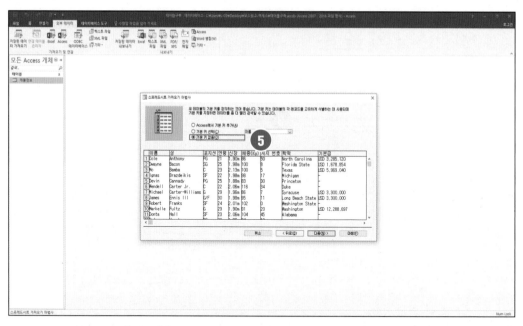

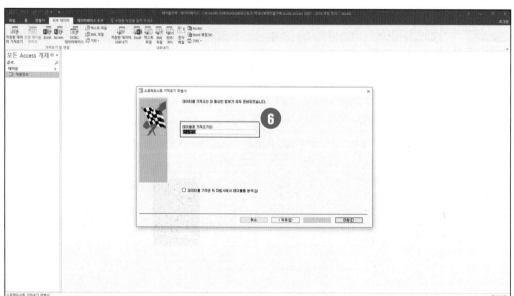

작업 2 "테이블구축.accdb" 데이터베이스 파일에 "작업" 서식파일을 이용하여 테이블을 작성합니다. "제품정보" 테이블에 여러 작업을 연결하고, "제조사코드" 필드 기준으로 오름차순 정렬하고 "제조사명"이라는 조회 열을 생성합니다.

💡해결

1. [만들기]-[서식 파일]-[응용 프로그램 요소]-[작업]명령 선택합니다.

2. [관계 만들기]대화상자에서 "제품정보" 테이블 선택합니다.

3. [관계 만들기]대화상자 조회 열 "제조사코드" 필드, 정렬 "오름차순", 조회 열 이름 "제조사명" 지정 [만들기]선택합니다.

4. 결과 확인 후 [저장]합니다.

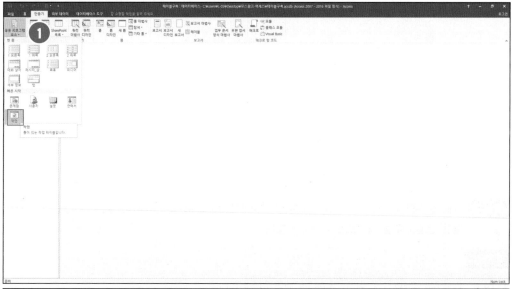

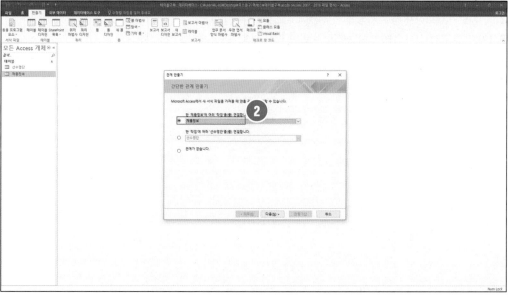

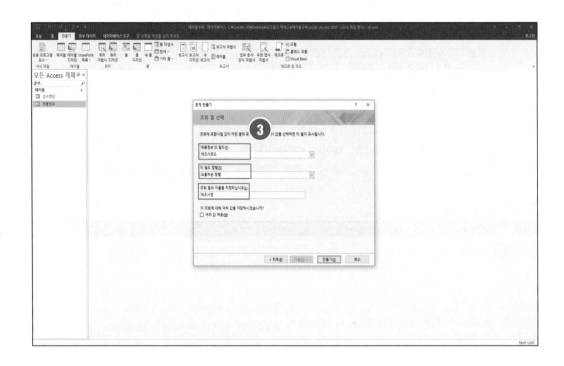

작업 3 "테이블구축.accdb" 데이터베이스 파일에 "관계예제.accdb" 데이터베이스 파일의 "주문정보" 테이블을 연결 테이블 형식으로 가져오기 합니다.

해결

1. [외부 데이터]–[가져오기 및 연결]–[Access]명령 선택합니다.
2. [가져오기]대화상자 경로 지정 후 "관계예제.accdb" 선택합니다.
3. [가져오기]대화상자 "데이터를 저장할 방법과 위치 지정: 연결 테이블" 선택합니다.
4. [테이블 연결]대화상자 "테이블: 주문정보" 지정 [확인]선택합니다.
5. 결과 확인 후 [저장]합니다.
   ※ 연결 테이블의 아이콘을 확인합니다.

만점합격 Tip

① 외부 데이터를 사용하여 새 테이블, 테이블추가, 연결 테이블 등의 생성 과정을 정확히 학습합니다.

② 응용 프로그램 요소를 사용하여 테이블을 작성하는 작업 과정을 정확히 학습합니다.

2 테이블 관리

• Access •

◉ 예 제 파 일   개발원학생관리.accdb
   핵심 키워드   테이블 속성, 테이블 관리, 기본키 지정, 필드 관리

❶ **테이블 속성** : 테이블에 대한 설명 및 속성을 지정합니다.
❷ **테이블 관리** : 테이블의 이름변경, 삭제, 복사 등의 작업을 합니다.
❸ **필드 관리** : 테이블을 구성하는 필드의 삽입, 삭제, 이름변경, 이동 작업을 합니다.

작업 1 "개발원학생관리.accdb" 데이터베이스 파일 "취업현황" 테이블에 "2019년도 통계" 설명 입력합니다.

해결

1. [탐색창]–[테이블] "취업현황" [마우스 오른쪽 버튼]–[테이블 속성]명령 선택합니다.
2. [취업현황 속성]대화상자 [설명]항목에 "2019년도 통계" 내용 입력합니다.
3. 결과 확인 후 [저장]합니다.

작업 2 "개발원학생관리.accdb" 데이터베이스 파일의 "학생정보" 테이블을 숨김으로 지정합니다.

해결

1. [탐색창]–[테이블] "학생정보" 테이블 선택 [마우스 오른쪽 버튼]–[속성]명령 선택합니다.
2. [학생정보 속성]대화상자 "숨김" 항목 선택합니다.
3. 결과 확인 후 [저장]합니다.

  ※ 숨겨진 개체를 표시하는 방법은 탐색창 빈 영역 [마우스 오른쪽 버튼]–[탐색 옵션]선택 "표시 옵션: 숨겨진 개체 표시" 항목
    선택합니다.

작업 3 "개발원학생관리.accdb" 데이터베이스 파일의 "재직중인 학생명단" 테이블 이름을 재직졸업생으로
변경합니다.

해결

1. [탐색창]–[테이블] "재직중인 학생명단" 선택 [마우스 오른쪽 버튼]–[이름 바꾸기]명령 선택합니다.
2. "테이블 이름"에 새로운 이름 입력합니다.
3. 결과 확인 후 [저장]–[닫기]합니다.

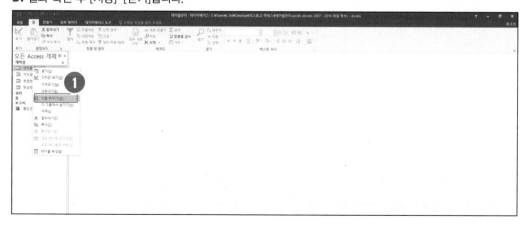

작업 4 "개발원학생관리.accdb" 데이터베이스 파일의 "재직중 학생명단의 사본" 테이블을 삭제합니다.

해결

1. [탐색창]–[테이블] "재직중 학생명단의 사본" 선택 [마우스 오른쪽 버튼]–[삭제]명령 선택합니다.
2. 결과 확인 후 [저장]합니다.

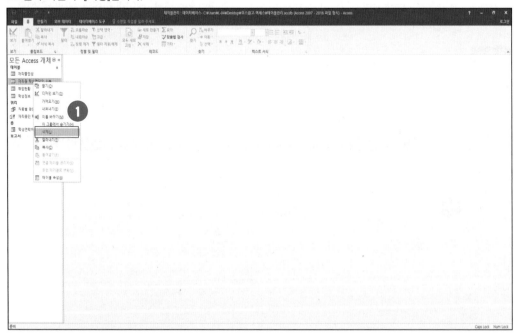

작업 5 "개발원학생관리.accdb" 데이터베이스 파일 "취업현황" 테이블 첫 번째 필드에 "조사번호" 필드를 삽입하고 일련번호 형식의 기본키로 지정합니다.

해결

1. [탐색창]-[테이블] "취업현황" 테이블 선택 [마우스 오른쪽 버튼]-[디자인 보기]명령 선택합니다.

2. "졸업년도" 필드 행 선택 [마우스 오른쪽 버튼]-[행 삽입]명령 선택합니다.

3. 삽입된 행 "필드이름: 조사번호, 데이터형식: 일련번호, 기본키" 지정합니다.

4. 결과 확인 후 [저장]-[닫기]합니다.

※ 테이블의 필드 삽입, 삭제, 편집, 속성지정은 테이블 디자인 보기에서 작업합니다.

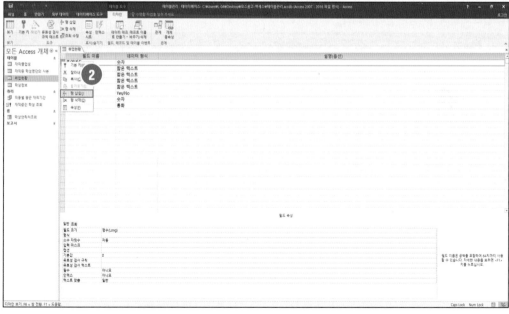

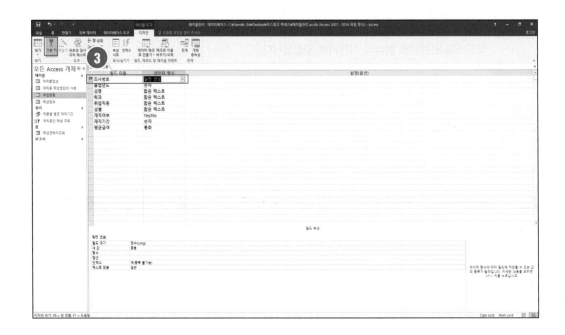

"개발원학생관리.accdb" 데이터베이스 파일 "취업현황" 테이블 "성별" 필드를 삭제하고, "재직여부" 필드를 마지막으로 이동합니다.

🔍 해결

1. [탐색창]–[테이블] "취업현황" 테이블 선택 [마우스 오른쪽 버튼]–[디자인 보기]명령 선택합니다.

2. "성별" 필드 행선택기 선택 [마우스 오른쪽 버튼]–[행 삭제]명령 선택합니다.

3. "재직여부" 필드 행 선택기 선택 드래그해서 아래쪽으로 이동합니다.

4. 결과 확인 후 [저장]–[닫기]합니다.

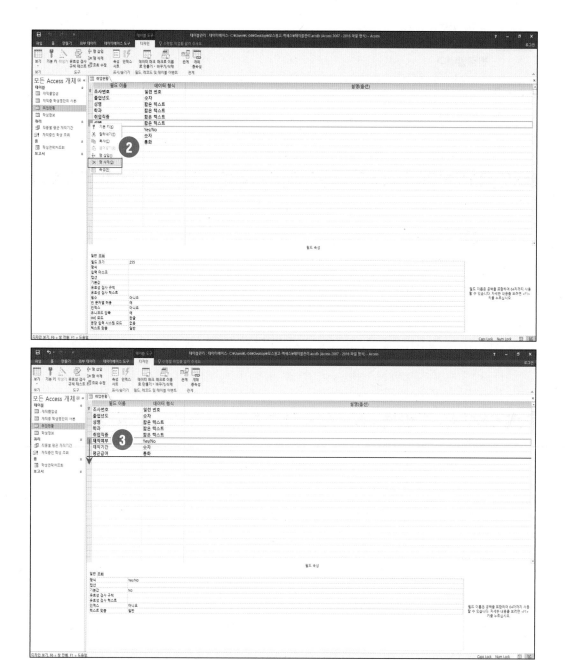

작업 7 "개발원학생관리.accdb" 데이터베이스 파일 "취업현황" 테이블의 "학과" 필드 이름을 "전공학과"로 변경합니다.

해결

1. "취업현황" 테이블 선택 [마우스 오른쪽 버튼]-[디자인 보기]명령 선택합니다.

2. "학과" 필드 선택 후 필드이름을 "전공학과"로 입력합니다.

3. 결과 확인 후 [저장]-[닫기]합니다.

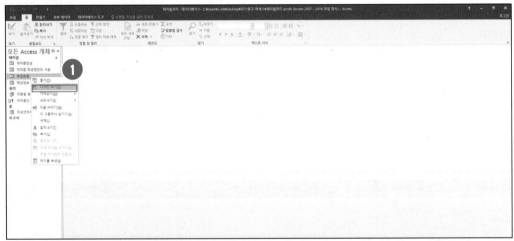

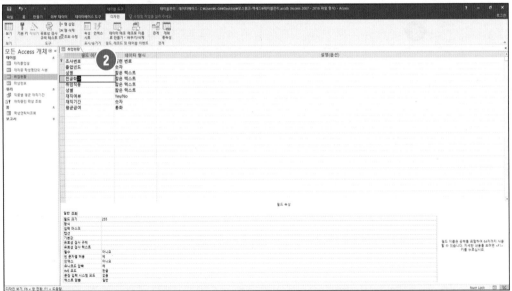

만점합격 Tip

① 탐색창에서 테이블 바로가기 메뉴에서 할 수 있는 작업(이름 바꾸기, 삭제, 속성, 숨김)에 대한 작업 과정을 정확히 학습합니다.

② 테이블 디자인보기 상태에서 필드의 삽입, 삭제, 이름변경, 이동 등의 작업 과정을 정확히 학습합니다.

SECTION

3 테이블 기록 관리

📍 예 제 파 일 고객현황.accdb
핵심 키워드 레코드 입력 및 수정, 요약 행, 정렬 및 필터, 바꾸기

❶ **레코드 입력 및 수정**: 데이터시트 보기에서 테이블에 자료를 입력, 편집, 삭제 등의 작업을 합니다.

❷ **요약 행**: 데이터시트 보기에서 특정 필드에 집계함수를 이용하여 계산 작업을 합니다.

❸ **정렬 및 필터**: 데이터시트 보기에서 특정 필드를 기준으로 크기순으로 나열하고, 필드에 주어진 조건에 만족하는 자료를 추출하는 작업을 합니다.

❹ **바꾸기**: 필드의 특정 내용을 찾아서 지정된 내용으로 치환 작업을 합니다.

작업 1 "고객현황.accdb" 데이터베이스 파일 "고객정보" 테이블의 19번째 레코드로 이동하고 고객등급 필드 내용을 "일반"으로 수정합니다.

💡**해결**

1. [탐색창]–[테이블] "고객정보" 테이블 선택 [마우스 오른쪽 버튼]–[열기]명령 선택합니다.

2. [레코드 탐색기]창 레코드 번호 "19"를 입력하고 이동 후 고객등급 필드에 "일반"을 입력합니다.

3. 결과 확인 후 [저장]–[닫기]합니다.

   ※ 테이블 열기는 마우스 오른쪽 버튼을 사용하거나 해당 테이블 이름을 더블클릭해도 가능합니다.

   ※ 레코드(자료)의 입력, 편집, 삭제작업은 테이블 열기상태에서 작업해야 합니다.

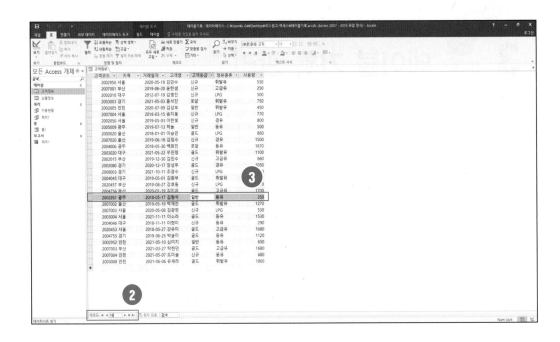

작업 2 "고객현황.accdb" 데이터베이스 파일 "고객정보" 테이블 19번째 레코드를 삭제합니다.

해결

1. [탐색창]-[테이블] "고객정보" 테이블 선택 [마우스 오른쪽 버튼]-[열기]명령 선택합니다.

2. 19번째 레코드 선택 [마우스 오른쪽 버튼]-[레코드 삭제]명령 선택합니다.

3. 결과 확인 후 [저장]-[닫기]합니다.

※ 테이블에서 삭제된 레코드는 복구가 불가능합니다.

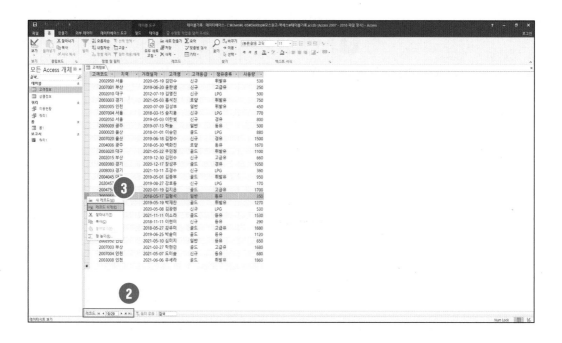

작업 3 "고객현황.accdb" 데이터베이스 파일 "고객정보" 테이블 "사용량" 필드의 평균을 계산하는 요약 행을 추가합니다.

해결

1. [탐색창]–[테이블] "고객정보" 선택 [마우스 오른쪽 버튼]–[열기]명령 선택합니다.
2. [홈]–[레코드]–[요약]명령 선택합니다.
3. 추가된 요약의 "사용량" 필드, 요약 행 함수 평균으로 지정합니다.
4. 결과 확인 후 [저장]–[닫기]합니다.

   ※ 요약 행: 필드에 합계, 평균, 최대, 최소, 개수 등 집계함수를 사용할 수있습니다.

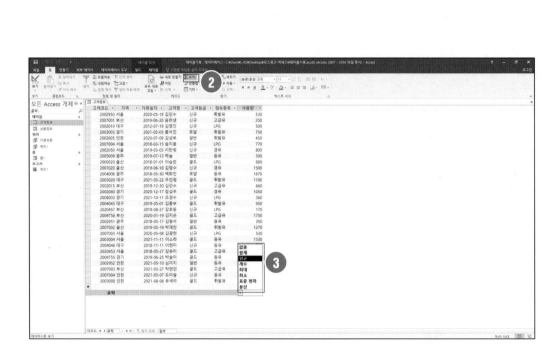

작업 4 "고객현황.accdb" 데이터베이스 파일 "고객정보" 테이블 "고객코드", "지역" 필드를 고정합니다.

해결

1. [탐색창]-[테이블] "고객정보" 선택 [마우스 오른쪽 버튼]-[열기]명령 선택합니다.

2. "고객코드, 지역" 필드 드래그 선택 [마우스 오른쪽 버튼]-[필드 고정]명령 선택합니다.

3. 결과 확인 후 [저장]-[닫기]합니다.

  ※ 필드 고정: 화면이 스크롤되어도 고정된 필드는 화면에 고정되어 표시됩니다.

  ※ 테이블 필드의 고정, 숨기기, 정렬, 필터링 등의 작업은 테이블 열기상태에서 작업합니다.

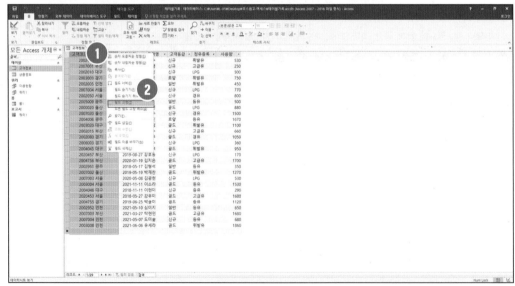

작업 5 "고객현황.accdb" 데이터베이스 파일 "고객정보" 테이블의 "고객명" 필드 숨기기, "차종" 필드 숨기기 취소 작업을 합니다.

해결

1. [탐색창]-[테이블] "고객정보" 테이블 선택 [마우스 오른쪽 버튼]-[열기]명령 선택합니다.

2. "고객명" 필드 선택 [마우스 오른쪽 버튼]-[필드 숨기기]명령 선택합니다.

3. "임의의" 필드 선택 [마우스 오른쪽 버튼]-[숨기기 취소]명령 선택 "차종" 필드 숨기기 취소를 지정합니다.

4. 결과 확인 후 [저장]-[닫기]합니다.

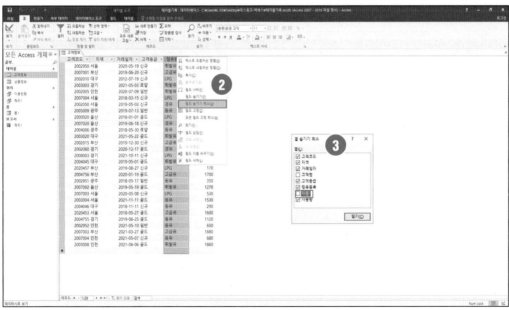

작업 6 "고객현황.accdb" 데이터베이스 파일 "고객정보" 테이블 레코드의 "지역" 필드를 오름차순으로, 같은 지역인 경우 "사용량" 필드를 내림차순으로 정렬되어 표시되도록 합니다.

해결

1. [탐색창]–[테이블] "고객정보" 테이블 선택 [마우스 오른쪽 버튼]–[열기]명령 선택합니다.

2. [홈]–[정렬 및 필터]–[고급]–[고급 필터/정렬]명령 선택합니다.

3. [고급정보필터1]대화상자에서 정렬 조건을 지정합니다.

4. [홈]–[정렬 및 필터]–[고급]–[필터/정렬 적용]명령 선택합니다.

5. 결과 확인 후 [저장]–[닫기]합니다.

※ 정렬의 두 번째 조건은 첫 번째 정렬 조건이 동일한 자료에서 정렬 순서를 결정할 때 사용합니다.

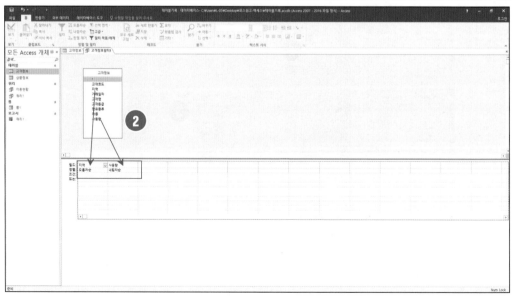

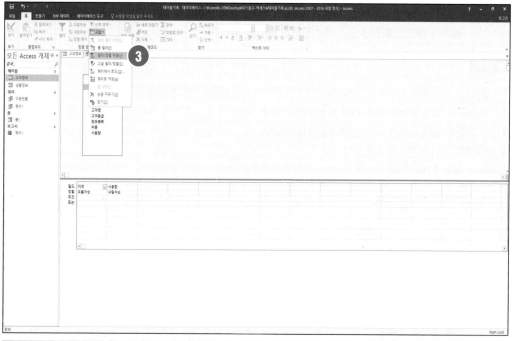

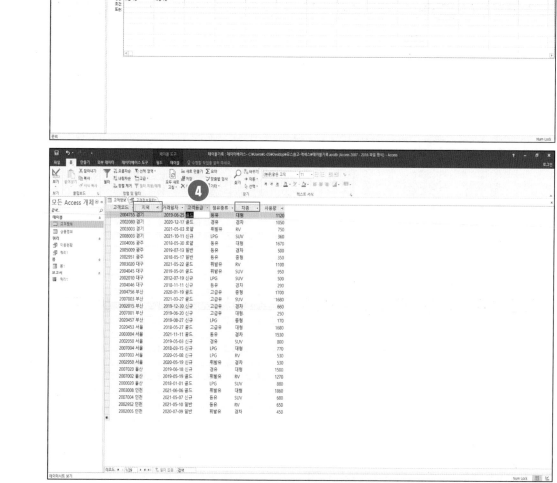

작업 7 "고객현황.accdb" 데이터베이스 파일의 고객정보 테이블에 "거래일자" 필드가 5월이고 "고객등급" 필드가 골드인 회원만 표시하는 필터링 작업을 합니다.

해결

1. [탐색창]–[테이블] "고객정보" 테이블 선택 [마우스 오른쪽 버튼]–[열기] 명령을 선택합니다.

2. "거래일자" 필드 필터링 단추 선택 조건 지정합니다.

3. "고객등급" 필드 필터링 단추 선택 조건 지정합니다.

4. 결과 확인 후 [저장]–[닫기]합니다.

 ※ 여러 열에 조건을 필터링 조건을 지정하면 모두 만족(AND조건)하는 자료만 표시됩니다.

 ※ 필터링 조건을 해제할 때는 필터링 단추에서 "필터해제"를 선택하면 됩니다.

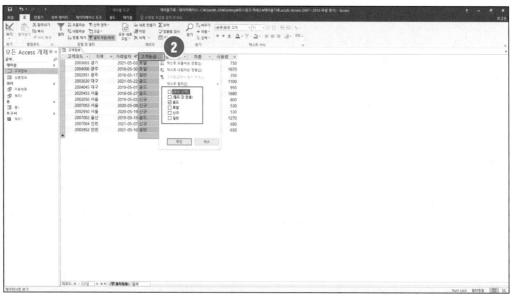

작업 8 "고객현황.accdb" 데이터베이스 파일 "고객정보" 테이블 "정유종류" 필드의 "등유"를 "하이브리드" 로 변경합니다. 찾을 조건은 "필드의 일부"로 지정합니다.

해결

1. [탐색창]-[테이블] "고객정보" 테이블 선택 [마우스 오른쪽 버튼]-[열기]명령 선택합니다.
2. [홈]-[찾기]-[바꾸기]명령 선택합니다.
3. [바꾸기]대화상자 "찾을 내용: 등유, 바꿀 내용: 하이브리드, 찾을 조건: 필드의 일부" 지정 [모두 바꾸기]선택합니다.
4. 결과 확인 후 [저장]-[닫기]합니다.

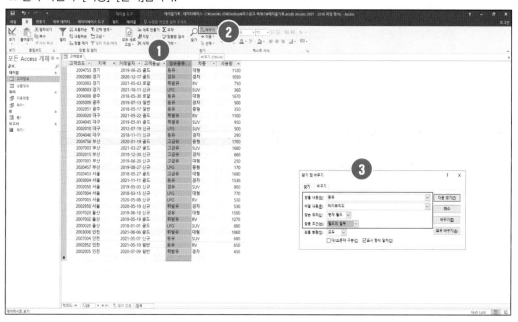

작업 9 "고객현황.accdb" 데이터베이스 파일 "이용현황" 쿼리 "고객명" 필드가 "이"로 시작하는 자료 중 사용량이 1000보다 큰 값만 표시되도록 필터링 합니다.

해결

1. [탐색창]-[쿼리] "이용현황" 선택 [마우스 오른쪽 버튼]-[열기]명령 선택합니다.
2. "고객명" 필드 필터링 단추 선택 "텍스트 필터의 다음으로 시작하는 경우: 이" 조건 지정합니다.
3. "사용량" 필드 필터링 단추 선택 "숫자 필터의 다음보다 큰 경우: 1000" 조건 지정합니다.
4. 결과 확인 후 [저장]-[닫기]합니다.

   ※ 문자 필드의 필터링 조건은 "~로를 시작하는, ~로를 포함하는" 등의 시작값, 끝값 조건이 가능합니다.
   ※ "~로 시작하는 값, ~로 끝나는 값, ~를 포함하는 값"의 조건을 지정할 때는 만능문자(*, ?)을 사용합니다.

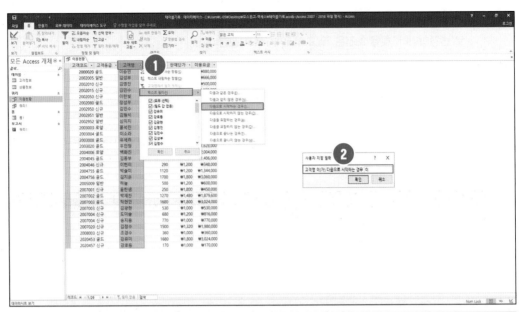

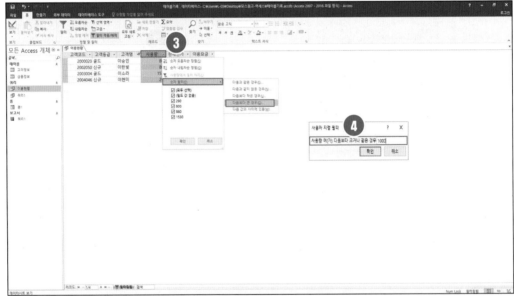

SECTION 4 필드 만들기 및 수정

예 제 파 일 가전제품.accdb
핵심 키워드 필드 삽입/삭제, 필드 형식, 필드 속성

❶ **필드 삽입/삭제**: 지정된 위치에 필드를 삽입하거나 삭제 작업을 합니다.

❷ **필드 형식**: 선택한 필드의 데이터 형식을 변경하거나 지정합니다.

❸ **필드 속성**: 선택한 필드에 기본값, 유효성검사, 입력마스크, 인덱스 등 다양한 필드속성을 지정합니다.

작업 1 "가전제품.accdb" 데이터베이스 파일의 "제품관리" 테이블 마지막 행에 첨부파일 형식의 "제품사진" 필드를 추가합니다.

해결

1. [탐색창]–[테이블] "제품관리" 선택 [마우스 오른쪽 버튼]–[디자인보기]명령 선택합니다.

2. 필드창 마지막 행 "필드이름: 제품사진, 필드형식: 첨부파일" 지정합니다.

3. 결과 확인 후 [저장]–[닫기]합니다.

※ 필드 삽입, 삭제, 이동, 속성지정 작업은 테이블 디자인보기 상태에서 작업해야 합니다.
※ 첨부파일 형식은 이미지, 동영상, 텍스트 등 모든 파일의 첨부가 가능한 형식입니다.

작업 2 "가전제품.accdb" 데이터베이스 파일의 "제품관리" 테이블 "제품번호" 필드는 기본적으로 영숫자 반자가 선택되도록 합니다.

💡해결

1. [탐색창]-[테이블] "제품관리" 테이블 선택 [마우스 오른쪽 버튼]-[디자인 보기]명령 선택합니다.

2. "제품번호" 필드 선택 [필드 속성]-[IME모드]-[영숫자 반자]형식 지정합니다.

3. 결과 확인 후 [저장]-[닫기]합니다.

※ IME 모드: 필드를 선택할 때 기본적으로 선택되는 언어를 지정합니다.(영숫자반자, 한글 등 지정)

작업 3 "가전제품.accdb" 데이터베이스 파일의 "제품관리" 테이블 "제품번호" 필드는 "A"로 시작하는 3글자 만 입력되도록 유효성 검사를 설정합니다.

💡해결

1. [탐색창]-[테이블] "제품관리" 테이블 선택 [마우스 오른쪽 버튼]-[디자인 보기]명령 선택합니다.

2. "제품번호" 필드 선택 [필드 속성]-[유효성 검사]선택 "Like A??" 형식 유효성 검사 규칙 입력합니다.

3. 결과 확인 후 [저장]-[닫기]합니다.

※ *(만능문자): 글자 수 관계없이 "모든 것" 대체하는 코드, A*(A로 시작하는 모든 문자를 대체)

※ ?(만능문자): 한 글자만 "모든 것"으로 대체하는 코드, A??(A로 시작하는 3글자 단어를 대체)

※ 엑세스에서 만능문자(*, ?)을 사용하는 문자열 조건을 지정할 때는 Like 연산자를 함께사용해야 합니다.

※ 형식: Like "만능문자을 포함하는 문자열형식"

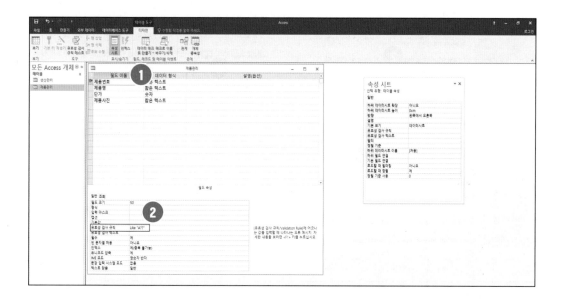

작업 4 "가전제품.accdb" 데이터베이스 파일의 "생산관리" 테이블 "출고지역" 필드는 "평택, 광주, 울산" 만 입력 가능한 조회 속성을 지정합니다.

해결

1. [탐색창]–[테이블] "생산관리" 테이블 선택 [마우스 오른쪽 버튼]–[디자인 보기]명령 선택합니다.
2. "출고지역" 필드 선택 [형식]–[조회 마법사]명령 선택합니다.
3. [조회 마법사]의 단계별 값 지정합니다.
4. 결과 확인 후 [저장]–[닫기]합니다.

※ 조회 속성을 지정하면 콤보상자형식으로 자료를 입력할 수 있습니다.

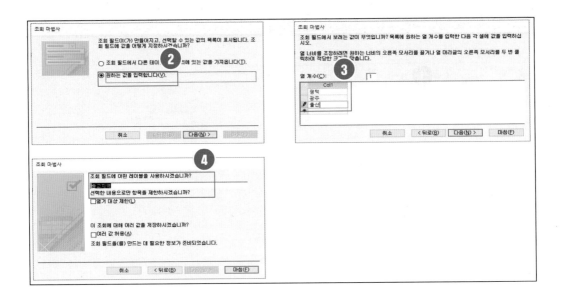

"가전제품.accdb" 데이터베이스 파일의 "생산관리" 테이블 "점검일자" 필드는 새로운 레코드가 입력되면 기본적으로 오늘날짜가 입력되도록 합니다.

해결

1. [탐색창]–[테이블] "생산관리" 테이블 선택 [마우스 오른쪽 버튼]–[디자인 보기]명령 선택합니다.

2. "점검일자" 필드 선택 [필드 속성]–[기본값]항목 "=date()" 입력합니다.

3. 결과 확인 후 [저장]–[닫기]합니다.

※ 엑세스 날짜/시간함수

1. =date(): 현재 시스템의 오늘 날짜를 자동으로 입력합니다.

2. =time(): 현재 시스템의 시간을 자동으로 입력합니다.

3. =now(): 현재 시스템의 오늘 날짜와 현재 시간을 자동으로 입력합니다.

작업 6 "가전제품.accdb" 데이터베이스 파일의 "생산관리" 테이블 "제품코드" 필드에 "생산코드" 캡션을 지정합니다.

⊙ 해결

1. [탐색창]–[테이블] "생산관리" 테이블 선택 [마우스 오른쪽 버튼]–[디자인 보기]명령 선택합니다.

2. "제품코드" 필드 선택 [필드 속성]–[캡션]항목 선택 "생산코드" 내용 입력합니다.

3. 결과 확인 후 [저장]–[닫기]합니다.

작업 7 "가전제품.accdb" 데이터베이스 파일의 "생산관리" 테이블 "제품코드" 필드 형식을 짧은 텍스트 형식으로 변경합니다.

⊙ 해결

1. [탐색창]–[테이블] "생산관리" 테이블 선택 [마우스 오른쪽 버튼]–[디자인 보기]명령 선택합니다.

2. "제품코드" 필드 선택 [데이터 형식]–[짧은 텍스트] 지정합니다.

3. 결과 확인 후 [저장]–[닫기]합니다.

　　※ 짧은 텍스트 형식은 255자 미만의 자료를 입력합니다.

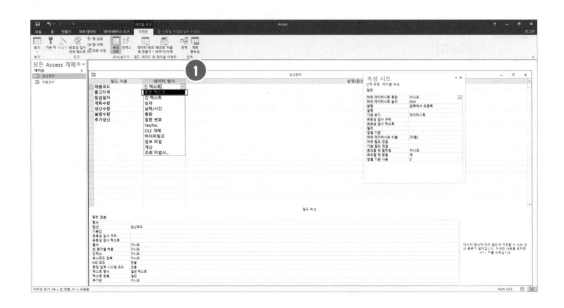

작업 8 "가전제품.accdb" 데이터베이스 파일의 "생산관리" 테이블 "점검일자" 필드는 오늘 날짜 이전이거나 공백인지를 검사하는 유효성 검사를 설정합니다.

해결

1. [탐색창]–[테이블] "생산관리" 선택 [마우스 오른쪽 버튼]–[디자인 보기]명령 선택합니다.

2. "점검일자" 필드 선택 [필드 속성]–[유효성 검사]항목 선택합니다.

3. ">=date() And Is Not Null" 유효성 검사 규칙 작성합니다.

4. 결과 확인 후 [저장]–[닫기]합니다.

※ 유효성 검사 규칙: 필드에 입력할 수 있는 값을 제한합니다.

※ Null: 공백

※ 오늘 날짜 이전이거나 공백인지를 검사: 오늘 날짜 이후이고 공백이 아닌 자료만 입력가능

작업 9 "가전제품.accdb" 데이터베이스 파일의 "생산관리" 테이블 "출고지역" 필드는 "평택, 광주, 울산" 만 입력할 수 있는 유효성 검사 규칙을 작성하고, 유효하지 않은 자료가 입력되면 "출고 지역 확인바랍니다"의 메시지가 표시되도록 유효성 검사 텍스트를 지정합니다.

💡**해결**

1. [탐색창]–[테이블] "생산관리" 테이블 선택 [마우스 오른쪽 버튼]–[디자인 보기]명령 선택합니다.

2. "출고지역" 필드 선택 [필드 속성]–[유효성 검사 규칙], [유효성 검사 텍스트]항목에 문제 작업 지시사항을 입력합니다.

3. 결과 확인 후 [저장]–[닫기]합니다.

   ※ 유효성 검사 규칙-1 : "평택" Or "광주" Or "울산"

   ※ 유효성 검사 규칙-2 : In("평택" , "광주", "울산")

   ※ 유효성 검사 텍스트 : 유효성 검사 규칙에 위배되는 자료가 입력될 때 표시하는 메시지를 지정

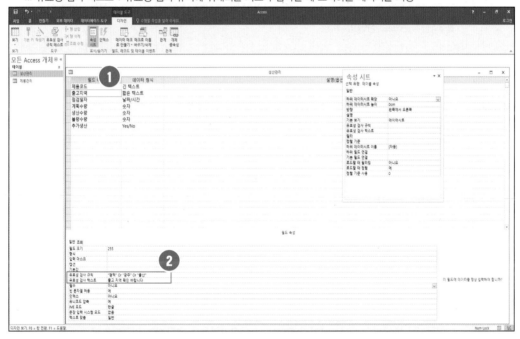

🎯**만점합격 Tip**

  ① 테이블 디자인보기 상태에서 필드의 속성 지정 작업 과정을 정확히 학습합니다.

  ② 테이블 디자인보기 상태에서 필드의 형식 지정 작업 과정을 정확히 학습합니다.

  ③ 테이블 디자인보기 상태에서 필드의 추가, 삭제 작업 과정을 정확히 학습합니다.

  ④ 필드의 유효성 검사" 속성을 지정하는데 사용되는 여러가지 형식을 정확히 학습합니다.

    (만능문자, 연산자, 함수 등의 사용법)

실전 적응 모의고사 2회

| 예제파일 실전적응모의고사-2.accdb

작업1 현재 데이터베이스 파일에 "선수명단.xlsx" 파일을 "선수명단" 이름 연결 테이블 형식으로 가져오기 합니다. "첫 행에 열 머리글 있음"으로 지정하고 이 외의 선택 사항이 있으면 기본값으로 지정합니다.

작업2 "학부모" 테이블을 "원생보호자명단" 테이블로 이름 변경합니다.

작업3 "판매현황" 테이블의 "제조사코드" 필드를 오름차순, 첫 번째 기준이 동일한 자료는 "판매량" 필드를 내림차순으로 정렬합니다.

작업4 "원생보호자명단" 테이블의 6번째 레코드를 삭제합니다.

작업5 "원생관리" 테이블에 "2020년 5월 현재" 설명을 지정합나다.

작업6 "판매현황" 테이블에 "제품코드" 필드가 "P"로 시작하는 제품 중 온라인 평점이 4.0이상인 자료만 표시되도록 합니다.

작업7 "상품목록" 테이블 "상품명" 필드 내용 중 "방식"을 "시스템"으로 바꾸기 합니다.

작업8 "업체명" 테이블 2번째 필드에 "소재지" 이름의 필드를 삽입합니다. 필드 형식은 255자 미만이 입력되도록 지정합니다.

작업9 "원생명단" 테이블 "성별" 필드에 "남, 여" 값만 입력되도록 조회 형식을 지정합니다.

작업10 "제품목록" 테이블 "제조사코드" 필드에는 "NA"로 시작하는 5글자만 입력되도록 유효성 검사를 설정합니다. 유효하지 않은 자료가 입력되면 "제조사코드 형식이 일치하지 않습니다" 메시지가 표시되도록 합니다.

작업11 "원생관리" 테이블 "강사, 강사코드" 필드를 고정합니다.

작업12 "업체명" 테이블 "연락처" 필드를 선택하면 기본적으로 "영숫자 반자"가 입력되도록 지정합니다.

작업13 "원생명단" 테이블 "생일" 필드는 오늘 날짜가 자동으로 입력되도록 지정합니다.

작업14 "생산자정보" 테이블 "모바일정보" 필드는 삭제하고, "홈페이지" 필드 형식을 인터넷과 연결되도록 지정합니다.

작업 15 "원생명단" 테이블 "이름" 필드 "원생이름"의 캡션을 지정합니다.

작업 16 "판매현황" 테이블 "판매량" 필드 합계를 표시하는 요약 행을 추가합니다.

작업 17 "판매현황" 테이블 "판매일자" 필드 오늘 날짜 이전이거나 공백인지를 검사하는 유효성 검사를 설정합니다.

작업 18 "제품목록" 테이블 "제조사코드" 필드를 숨기기합니다.

작업 19 "원생명단의 사본" 테이블 "원생번호" 필드 이름을 "원생코드"로 변경하고 기본키로 지정합니다.

작업 20 "원생명단의 사본" 테이블을 삭제합니다.

실전 적응 모의고사 2회 - 작업 과정 해설

작업1

1. [외부 데이터]–[가져오기 및 연결]–[Excel]명령 선택합니다.

2. [외부 데이터 가져오기]대화상자 [찾아보기]명령 선택하고 문제에서 지시된 경로를 지정하여 "선수명단.xlsx" 파일 선택합니다.

3. [외부 데이터 가져오기]대화상자 [저장할 방법과 위치 지정]에서 "연결 테이블을 만들어 데이터 원본에 연결" 선택 [확인]클릭 합니다.

4. [스프레드 시트 연결 마법사] "첫 행에 열 머리글이 있음" 선택 [다음]클릭합니다. "연결할 테이블 이름"에 "선수명단" 입력하고 [마침]클릭 합니다.

작업 2

1. [탐색창]–[테이블]–[학부모]테이블 선택 [마우스 오른쪽 버튼]–[이름 바꾸기]명령 선택 "원생보호자명단" 입력합니다.

작업 3

1. [탐색창]–[테이블]– "판매현황" [마우스 오른쪽 버튼]–[열기]선택합니다. [홈]–[정렬 및 필터]–[고급]–[고급 필터/정렬]명령 선택합니다.

2. "판매현황" 테이블 "제조사코드" 필드 드래그해서 화면 하단 "필드" 행으로 이동 후 "정렬: 오름차순"을 지정합니다. "판매량" 필드를 드래그해서 화면 하단 "필드 행"으로 이동 후 "정렬: 내림차순"을 지정합니다.

3. [홈]–[정렬 및 필터]–[고급]–[고급 필터/정렬 적용]명령 선택 정렬 조건을 테이블에 적용하고 테이블 저장 후 테이블 닫기 합니다.

작업 4

1. [탐색창]–[테이블]–[원생보호자명단]–[열기]선택 합니다. 6번 째 레코드를 선택 [마우스 오른쪽 버튼]–[삭제]명령 선택합니다.

※ 테이블에서 삭제된 레코드는 복구가 불가능합니다.

작업 5

1. [탐색창]–[테이블] "원생관리" [마우스 오른쪽 버튼]–[테이블 속성]명령 선택합니다.

2 [원생관리 속성]대화상자 "설명" 항목에 문제에서 지시된 내용 입력합니다.

작업 6

1. [탐색창]–[테이블] "판매현황" [마우스 오른쪽 버튼]–[열기]명령 선택합니다.

2. "제품코드" 필드 필터링 단추를 선택 [텍스트 필터]–[다음으로 시작하는 경우]선택 합니다. [사용자 지정 필터]대화상자에 "P" 입력 합니다.

3. "온라인평점" 필드 필터링 단추를 선택 [숫자 필터]-[다음보다 큰 경우]선택합니다. [사용자 지정 필터]대화 상자에 "4.0" 입력 합니다. 필터 결과를 확인하고 테이블 저장 후 닫기합니다.

　　※ 정렬이나 필터링 작업은 테이블 열기 상태에서 작업합니다.

작업 7

1. [탐색창]-[테이블] "상품목록" [마우스 오른쪽 버튼]-[열기]명령 선택합니다.

2. [홈]-[찾기]-[바꾸기]명령을 선택합니다. "상품명" 필드 지정하고 [바꾸기]대화상자에 "찾을 내용: 방식", "바꿀 내용: 시스템", "찾을 조건: 필드의 일부", "찾는 위치: 현재 필드"를 지정하고 [모두 바꾸기]클릭 합니다.

3. [바꾸기]대화상자 닫기합니다.

4. 결과 확인 후 [저장]-[닫기]합니다.

작업 8

1. [탐색창]-[테이블] "업체명" [마우스 오른쪽 버튼]-[디자인 보기]명령 선택합니다.

2. [필드이름] 2번째 위치에서 [마우스 오른쪽 버튼]-[행 삽입]명령 선택합니다. 삽입된 행 "필드이름: 소재지, 필드 형식: 짧은 텍스트" 지정 [저장]-[닫기]합니다.

　　※ 짧은 텍스트 필드 형식: 255자 미만 자료만 입력가능합니다.

작업 9

1. [탐색창]-[테이블] "원생명단" [마우스 오른쪽 버튼]-[디자인 보기]명령 선택합니다.

2. "성별" 필드 선택 [데이터 형식]-[조회 마법사]선택 합니다.

3. [조회 마법사]-[원하는 값을 입력합니다.]선택 합니다.

4. [조회 마법사]대화상자에서 "열 개수: 1", Col1: 남, 여" 순서대로 입력합니다.

5. [조회 마법사]대화상자에서 "조회 필드에 어떤 레이블을 사용하시겠습니까?" 항목에 "성별" 이 선택된 상태에서 [마침]선택 합니다. 이 외의 나머지 선택 사항은 기본값을 유지합니다.

6. 조회 형식 지정 결과는 "데이터시트보기" 상태에서만 확인 가능합니다.

7. 결과 확인 후 [저장]-[닫기]합니다.

작업 10

1. [탐색창]-[테이블] "제품목록" [마우스 오른쪽 버튼]-[디자인 보기]명령 선택합니다.

2. "제조사코드" 필드 선택 [필드 속성]-[유효성 검사 규칙]속성에 "Like NA???" 입력하고, [유효성 검사 텍스트]속성에 "제조사코드 형식이 일치하지 않습니다." 입력합니다.

　　※ 만능문자(?): 한자리 모든 글자를 입력할 수 있는 코드입니다.
　　※ 엑세스 프로그램에서 만능문자(*, ?)는 Like 연산자와 같이 사용해야 합니다. 형식: Like "문자열형식"
　　※ 유효성 검사 텍스트: 유효성 검사 규칙에 위배되는 자료가 입력되는 경우 표시되는 메시지를 지정합니다.

실전 적응 모의고사 2회 - 작업 과정 해설

작업 11

1. [탐색창]–[테이블] "원생관리" [마우스 오른쪽 버튼]–[열기]명령 선택합니다.

2. "강사, 강사코드" 필드이름 드래그로 선택 [마우스오른쪽 버튼]–[필드 고정]명령 선택합니다.

3. 결과 확인 후 [저장]–[닫기]합니다.

작업 12

1. [탐색창]–[테이블] "업체명" [마우스 오른쪽 버튼]–[디자인 보기]명령 선택합니다.

2. "연락처" 필드 선택 [필드 속성]–[IME 모드]–[영숫자 반자]선택 합니다.

3. 결과 확인 후 [저장]–[닫기]합니다.

작업 13

1. [탐색창]–[테이블] "원생명단" [마우스 오른쪽 버튼]–[디자인 보기]명령 선택합니다.

2. "생일" 필드 선택 [필드 속성]–[기본값] 속성 선택하고 "=date()" 입력 합니다.

3. 결과 확인 후 [저장]–[닫기]합니다.

> ※ 엑세스에서 사용되는 날짜 함수
> =date():오늘 날짜 자동 입력   =time(): 현재 시간 자동 입력   =now(): 오늘 날짜 현재 시간 자동 입력

작업 14

1. [탐색창]–[테이블] "생산자정보" 선택 [마우스 오른쪽 버튼]–[디자인 보기]명령 선택합니다.

2. "모바일정보" 필드 선택 [마우스 오른쪽 버튼]–[행 삭제]명령 선택합니다.

3. "홈페이지" 필드 선택 [데이터 형식]–[하이퍼링크]선택 합니다.

4. 결과 확인 후 [저장]–[닫기]합니다.

작업 15

1. [탐색창]–[테이블] "원생명단" [마우스 오른쪽 버튼]–[디자인 보기]명령 선택합니다.

2. "이름" 필드 선택 [필드 속성]–[캡션]항목에 "원생이름" 입력 합니다.

3. 결과 확인 후 [저장]–[닫기]합니다.

작업 16

1. [탐색창]–[테이블] "판매현황" 선택 [마우스 오른쪽 버튼]–[열기]명령 선택합니다.

2. [홈]–[레코드]–[요약]명령 선택합니다. "판매량" 필드 선택하고 [요약]–[합계]함수를 선택합니다.

3. 결과 확인 후 [저장]–[닫기]합니다.

> ※ 요약: 필드에 집계함수(합계, 평균, 최대, 최소, 개수, 표준편차, 분산)을 사용할 수 있도록합니다.

작업 17

1. [탐색창]–[테이블] "판매현황" 선택 [마우스 오른쪽 버튼]–[디자인 보기]명령 선택합니다.

2. "판매일자" 필드 선택 [필드 속성]–[유효성 검사 규칙]선택하고 ">=Date() And Is Not Null"의 검사 규칙을 입력합니다.

3. 결과 확인 후 [저장]–[닫기]합니다.

　　※ 유효성 검사 규칙 의미: >=Date() (오늘 날짜이후 입력) And(이고) Is not Null(공백은 입력 불가능)

작업 18

1. [탐색창]–[테이블] "제품목록" 선택 [마우스 오른쪽 버튼]–[열기]명령 선택합니다.

2. "제조사코드" 필드 [마우스 오른쪽 버튼]–[필드 숨기기]명령 선택합니다.

3. 결과 확인 후 [저장]–[닫기]합니다.

작업 19

1. [탐색창]–[테이블] "원생명단" 선택 [마우스 오른쪽 버튼]–[디자인 보기]명령 선택합니다.

2. "원생번호" 필드 선택 후 "필드이름: 원생코드" 입력하고, [기본 키]명령 선택합니다.

3. 결과 확인 후 [저장]–[닫기]합니다.

작업 20

1. [탐색창]–[테이블] "원생명단의 사본" 선택 [마우스 오른쪽 버튼]–[삭제]명령 선택합니다.

　　※ 삭제된 테이블은 "실행취소" 명령으로 복구가능합니다.

03

퀴리 작성 및 수정

데이터베이스를 구성하는 테이블에서 사용자가 필요로 하는 정보만 재구성한 것이 쿼리입니다. 테이블에서 필요한 필드만 추출, 재배치하고, 함수 등을 사용하여 새로운 필드를 생성하는 과정을 살펴보겠습니다. 또한 생성된 쿼리필드를 추가, 삭제, 이동하는 수정 작업과, 조건에 만족하는 자료만 추출하고 정렬하기 위한 조건을 지정하는 작업 과정을 살펴보도록 합니다.

| Section 1 | 쿼리 작성
| Section 2 | 쿼리 수정
| Section 3 | 쿼리 내의 계산된 필드 및 그룹 활동

SECTION

1 쿼리 작성

· Access ·

예 제 파 일   쿼리실습.accdb
핵심 키워드   단순 요약 쿼리, 매개변수 쿼리, 크로스탭 쿼리, 업데이트 쿼리, 테이블 만들기 쿼리

❶ **단순 요약 쿼리** : 쿼리 마법사를 사용해서 특정 필드에 대한 요약(합계, 평균, 최대, 최소)을 계산하는 쿼리를 작성합니다.

❷ **매개변수 쿼리** : 쿼리를 실행할 때마다 사용자가 조건을 지정하여 결과를 생성하는 기능의 쿼리입니다.

❸ **크로스탭 쿼리** : 쿼리 마법사를 사용해서 행, 열 머리글로 그룹화하고 특정 필드에 대한 요약 계산하는 쿼리를 작성합니다.

❹ **업데이트 쿼리** : 원본 테이블이나 쿼리의 내용을 변경하는 쿼리를 작성합니다.

❺ **테이블 만들기/추가 쿼리** : 쿼리의 실행 결과를 테이블 생성하거나 기존 테이블에 복사하여 저장합니다.

작업 1   "쿼리실습.accdb" 데이터베이스 파일 "주문집계" 테이블 "주문일자"의 월별 "주문수량" 필드의 평균을 계산하는 "주문일자평균" 단순 요약 쿼리를 작성합니다. 작성된 쿼리 실행은 선택사항입니다.

해결

1. [만들기]-[쿼리]-[쿼리 마법사]-[단순 쿼리 마법사] 명령 선택합니다.

2. [쿼리 마법사 1단계] 대화상자 "테이블/쿼리: 주문집계, 선택한 필드: 주문일자, 주문수량" 지정 [다음]선택합니다.

3. [쿼리 마법사 2단계]-[요약]-[요약 옵션] "함수: 평균" 지정 [다음]선택합니다.

4. [쿼리 마법사 3단계] "그룹화 기준: 월" 지정 [다음]선택합니다.

5. [쿼리 마법사 4단계] "쿼리 제목: 주문일자평균" 입력 [마침]선택합니다.

6. 결과 확인 후 [저장]-[닫기]합니다.

   ※ 작성된 쿼리 실행여부는 문제 지시사항에 따라 결정됩니다. "쿼리 실행은 선택사항입니다."라는 지시사항은 실행 여부는 채점 대상에서 제외됩니다.

   ※ 쿼리 필드이름 경계선에서 드래그 또는 더블클릭하면 열 너비 조절가능합니다

   ※ 쿼리 실행 결과가 "########"으로 표시되면 열 너비를 조절합니다.

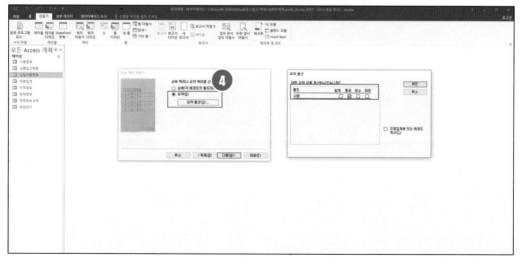

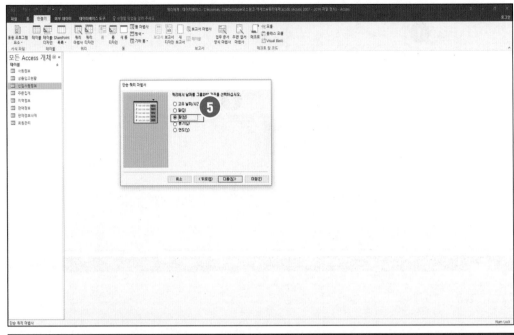

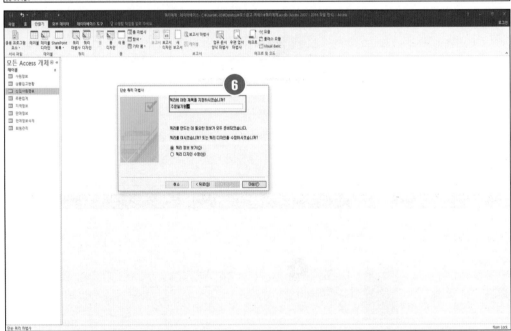

작업 2 "쿼리실습.accdb" 데이터베이스 파일 "상품입고현황" 테이블 "상품명, 입고수량, 입고단가" 필드, "주문집계" 테이블 "주문수량" 필드, "회원관리" 테이블 "이름, 전화번호" 필드를 포함하는 "상품주문회원관리" 쿼리를 작성합니다. 쿼리를 실행합니다.

🔆해결

1. [만들기]−[쿼리]−[쿼리 디자인]명령 선택합니다.
2. [테이블 표시]대화상자 "상품입고현황, 주문집계, 회원관리" 테이블 [추가]합니다.
3. [쿼리 디자인]창으로 쿼리에 포함될 필드를 제시된 순서로 드래그 이동합니다.
4. [쿼리 도구]−[디자인]−[결과]−[실행]선택합니다.
5. [쿼리1]−[마우스 오른쪽 버튼]−[저장]선택합니다.
6. 쿼리 이름 "상품주문회원관리" 입력 [확인]선택합니다.
7. 쿼리 [닫기]합니다.

   ※ "쿼리를 실행합니다"라는 지시사항이 주어지면 반드시 쿼리 실행을 하고 종료해야 합니다.
   ※ 테이블 표시 대화상자 테이블 선택하거나 쿼리 결과에 포함될 필드를 선택할 때 해당 테이블/필드 이름을 더블클릭해도 가능합니다.

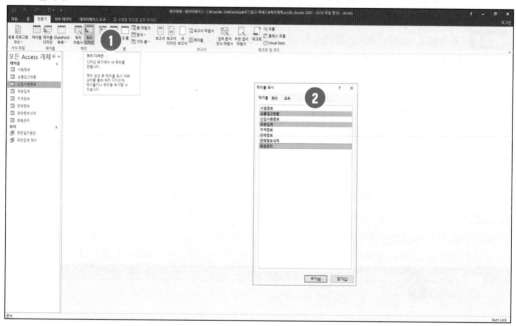

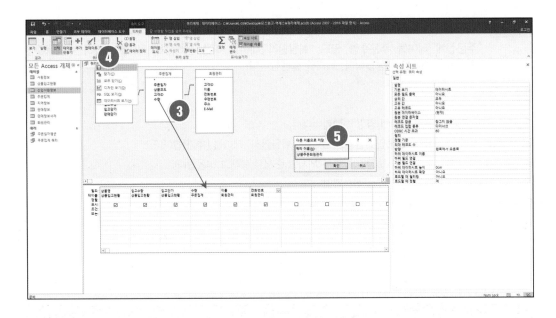

작업 3 "쿼리실습.accdb" 데이터베이스 파일 "판매정보" 테이블 제조사코드별, 제품코드별, 판매량의 평균을 계산하는 "제품코드별판매량평균" 크로스탭 쿼리를 작성합니다. 작성된 쿼리를 실행합니다.

💡**해결**

1. [만들기]-[쿼리]-[쿼리 마법사]-[크로스 탭 쿼리]명령 선택합니다.

2. [크로스탭 쿼리 마법사 1단계]원본으로 사용할 "판매정보" 테이블 선택합니다.

3. [크로스탭 쿼리 마법사 2단계] 행 레이블로 "제조사코드" 필드 선택합니다.

4. [크로스탭 쿼리 마법사 3단계] 열 레이블로 "제품코드" 필드 선택합니다.

5. [크로스탭 쿼리 마법사 4단계] 값 영역에 "판매량" 필드, "평균" 함수 선택합니다.

6. [크로스탭 쿼리 마법사 5단계] 쿼리 이름 "제품코드별판매량평균" 입력 [마침]선택합니다.

7. 쿼리 결과 확인 후 [저장]-[닫기]합니다.

　　※ 크로스탭 쿼리 작성 Tip: 문제에서 "~별" 로 제시되는 필드를 찾아 행머리글, 열머리글로 지정합니다.

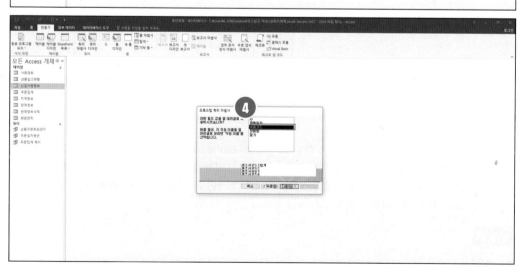

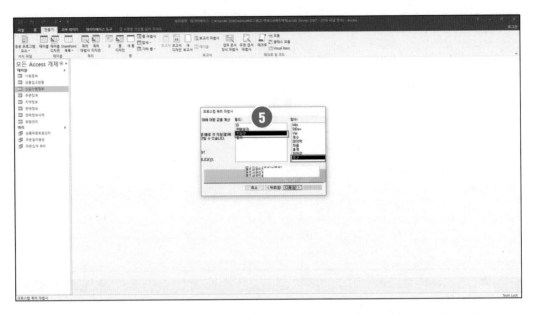

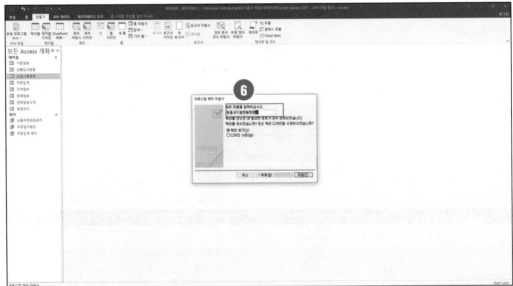

작업 4 "쿼리실습.accdb" 데이터베이스 파일 "사원정보" 테이블을 사용하여 해외근무이력 여부를 조회하는 "사원해외이력검색" 매개변수 쿼리를 작성합니다. "사원번호, 입사년도, 사원명, 직위, 해외근무이력" 필드가 결과에 표시되고, "해외근무경력있음" 매개변수 메시지를 표시하며, 매개변수 형식은 "YES/NO" 형식으로 지정합니다. 쿼리 실행은 선택사항입니다.

💡 **해결**

1. [만들기]–[쿼리]–[쿼리 디자인]–[테이블 표시] "사원정보" 테이블 추가합니다.

2. [쿼리 디자인]창으로 결과에 포함될 필드를 순서대로 드래그 이동합니다.

3. [쿼리 디자인]창 "해외근무이력" 필드 "조건 행: [해외근무경력있음]" 매개변수 메시지 입력합니다

4. [쿼리 도구]–[디자인]–[표시/숨기기]–[매개변수]선택합니다.

5. [쿼리 매개변수]대화상자 "매개변수: [해외근무경력있음], 데이터형식: 예/아니오" 지정 [확인]선택합니다.

6. "쿼리1" [마우스 오른쪽 버튼]–[저장] "쿼리 이름: 사원해외이력검색" [저장]선택합니다.

7. 결과 확인 후 쿼리 [저장]–[닫기]합니다.

> ※ 매개변수 메시지를 표시하는 형식: [매개변수 메시지]
>
> ※ 쿼리 실행시 나타나는 매개변수 메시지창에 "YES" 또는 "NO" 값을 입력합니다.

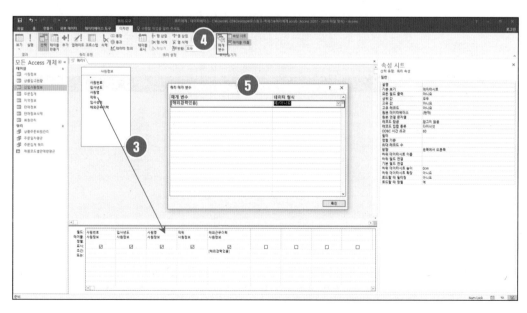

작업 5 "쿼리실습.accdb" 데이터베이스 파일 "판매정보" 테이블 "평가" 필드가 "BAD" 자료를 삭제하는 "BAD평가삭제" 쿼리를 작성합니다. 쿼리 실행은 선택사항입니다.

해결

1. [만들기]–[쿼리]–[쿼리 디자인]–[테이블 표시]명령 "판매정보" 테이블 선택합니다.

2. [쿼리 유형]–[삭제]선택합니다.

3. [쿼리 디자인]창 "평가" 필드 추가합니다.

4. [쿼리 디자인]창 "평가" 필드 "조건 행: BAD" 입력합니다.

5. "쿼리1" [마우스 오른쪽 버튼]–[저장]선택합니다.

6. [저장]대화상자 "쿼리 이름: 일자별입고가현황" [확인]선택합니다.

7. 결과 확인 후 [저장]–[닫기]합니다.

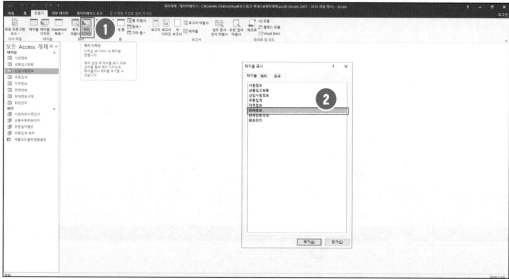

작업 6 "쿼리실습.accdb" 데이터베이스 파일 "상품입고현황" 테이블 "상품명" 필드 "스피아민트"를 "레몬그라"로 변경하는 "상품명변경" 업데이트 쿼리를 작성합니다. 쿼리를 실행합니다.

해결

1. [만들기]–[쿼리]–[쿼리 디자인]–[테이블 표시]명령 "상품입고현황" 테이블 추가합니다.

2. [쿼리 도구]–[디자인]–[쿼리 유형]–[업데이트]선택합니다.

3. [쿼리 디자인]창 "상품명" 필드 추가합니다.

4. [쿼리 디자인]창 "상품명" 필드 "조건 행: 스피아민트, 업데이트: 레몬그라" 입력합니다.

5. [쿼리 도구]–[디자인]–[결과]–[실행]선택합니다. 결과 확인 후 [닫기]합니다.

6. "쿼리1" [마우스 오른쪽 버튼]–[저장] "쿼리 이름: 상품명변경" [확인]선택합니다.

※ 업데이트 쿼리를 실행하면 원본 레코드 중 변경되는 레코드 개수가 표시됩니다.

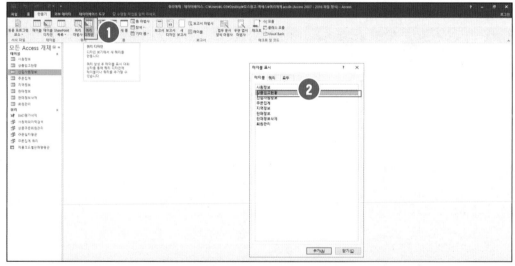

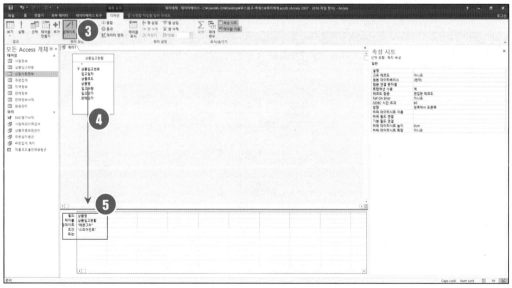

작업 7 "쿼리실습.accdb" 데이터베이스 파일 "상품입고현황" 테이블 "입고일자, 상품명, 입고수량, 입고단가" 필드를 포함하는 "일자별입고현황" 테이블을 생성하는 "일자별입고가현황" 쿼리를 생성합니다. 쿼리를 실행합니다.

🔍 해결

1. [만들기]–[쿼리]–[쿼리 디자인]–[테이블 표시]명령 "상품입고현황" 테이블 추가합니다.

2. [쿼리 유형]–[테이블 만들기]선택합니다. [테이블 만들기]대화상자 "새 테이블 이름: 일자별입고현황" [확인]선택합니다.

3. [쿼리 디자인]창에 "입고일자, 상품명, 입고수량, 입고단가" 필드 드래그합니다.

4. [쿼리 도구]–[디자인]–[결과]–[실행]선택합니다. [붙여넣기]대화상자 [예]선택합니다.

5. "쿼리1" [마우스 오른쪽 버튼]–[저장]선택합니다.

6. [저장]대화상자 "쿼리 이름: 일자별입고가현황" [확인]선택합니다.

7. 결과 확인 후 [저장]–[닫기]합니다.

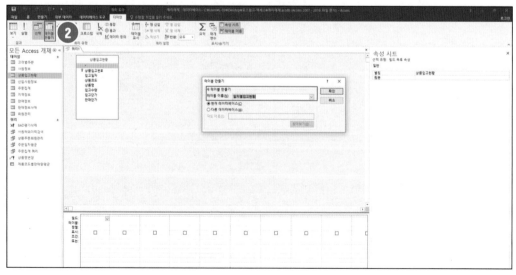

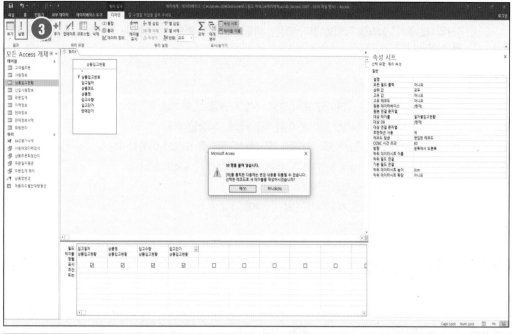

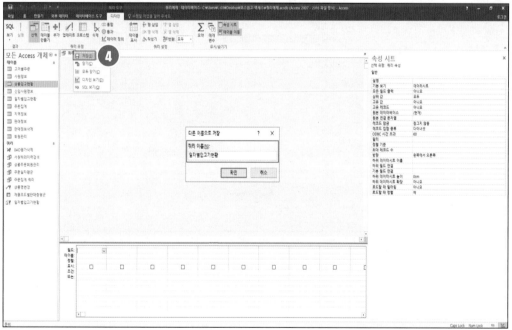

작업 8 "쿼리실습.accdb" 데이터베이스 파일 "신입사원정보" 테이블 내용을 "사원정보" 테이블에 추가하는 "신입사원추가" 쿼리를 작성합니다. "직위, 해외근무이력" 필드는 제외하고 추가합니다. 작성된 쿼리를 실행합니다.

해결

1. [만들기]–[쿼리]–[쿼리 디자인]–[테이블 표시]명령 "신입사원정보" 테이블 추가합니다.

2. [쿼리 유형]–[추가 쿼리]선택 추가할 테이블 이름 "사원정보" 지정합니다.

3. [쿼리 디자인]창에 "사원번호, 입사년도, 사원명, 입사성적" 필드를 드래그 이동합니다.

4. [쿼리 도구]–[디자인]–[결과]–[실행]선택하고 [붙여넣기]대화상자 [예]선택합니다.

5. "쿼리1" [마우스 오른쪽 버튼]–[저장]선택합니다.

6. [저장]대화상자 "쿼리 이름: 신입사원추가" [확인]선택합니다.

7. 결과 확인 후 [저장]–[닫기]합니다.

※ 추가할 내용이 들어있는 테이블만 표시합니다.

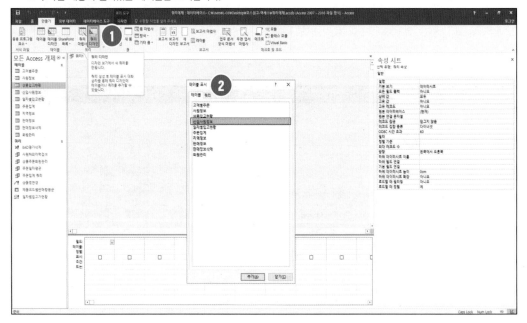

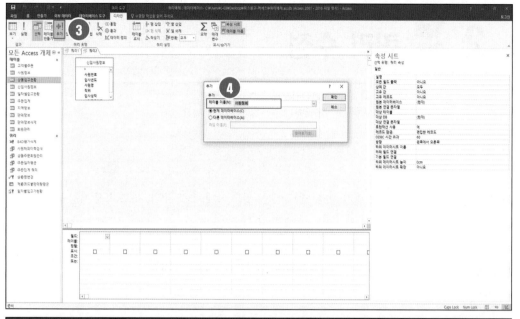

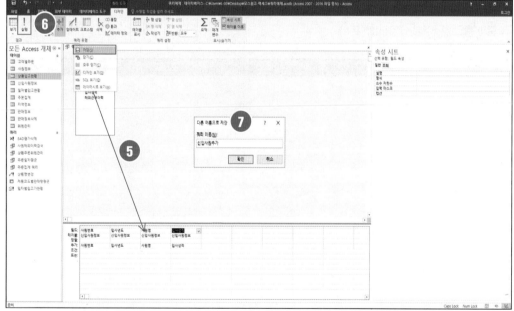

🎯 만점합격 Tip

① 크로스탭 쿼리 작성에 필요한 행머리글, 열머리글, 값 지정 방법 및 과정을 정확히 학습합니다.

② 매개변수 쿼리 작성에 필요한 매개변수 메시지 지정 방법, 매개변수 형식 지정 과정을 정확히 학습합니다.

③ 문제에서 지시된 쿼리 실행 여부를 정확히 판단합니다.

④ 쿼리를 작성할 때 쿼리 마법사와 쿼리 디자인를 사용하는 작업 과정을 정확히 학습합니다.

⑤ 쿼리를 작성할 때 필요한 필드와 조건을 판단하는 작업 과정을 정확히 학습합니다.

2 쿼리 수정

예 제 파 일   쿼리수정.accdb
핵심 키워드   쿼리 수정

❶ **쿼리 수정** : 쿼리이름 변경, 쿼리 삭제, 필드 이동, 필드 삭제, 필드 추가, 필드 속성 지정 등의 작업을 합니다.

작업 1 "쿼리수정.accdb" 데이터베이스 파일의 "상품변경" 쿼리를 삭제합니다.

해결

1. [탐색창]–[쿼리] "상품변경" 쿼리 [마우스 오른쪽 버튼]–[삭제]명령 선택합니다.
2. 결과 확인 후 [저장]–[닫기]합니다.
   ※ 개체(테이블, 쿼리, 폼, 보고서)의 이름변경, 삭제, 복사, 속성지정 등의 작업은 탐색창에서 합니다.

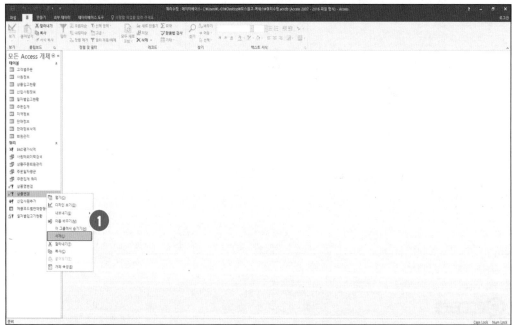

작업 2 "쿼리수정.accdb" 데이터베이스 파일의 "신입사원추가" 쿼리를 "2020년신입사원 추가" 쿼리로 이름 변경합니다.

💡해결

1. [탐색창]-[쿼리] "신입사원추가" 쿼리 [마우스 오른쪽 버튼]-[이름 바꾸기]명령 선택합니다.

2. 쿼리 이름 입력란에 "2020년신입사원 추가" 입력합니다.

3. 결과 확인 후 [저장]-[닫기]합니다.

※ 개체 이름을 입력할 때 문제에서 제시된 이름을 띄어쓰기 및 오타 주의하며 정확히 입력합니다.

작업 3 "상품주문회원관리" 쿼리의 첫 번째 열에 "주문집계" 테이블의 "주문일자" 필드를 추가합니다.

💡해결

1. [탐색창]-[쿼리] "상품주문회원관리" 쿼리 [마우스 오른쪽 버튼]-[디자인 보기]명령 선택합니다.

2. "주문집계" 테이블 "주문일자" 필드를 디자인 창의 첫 번째 필드로 드래그합니다.

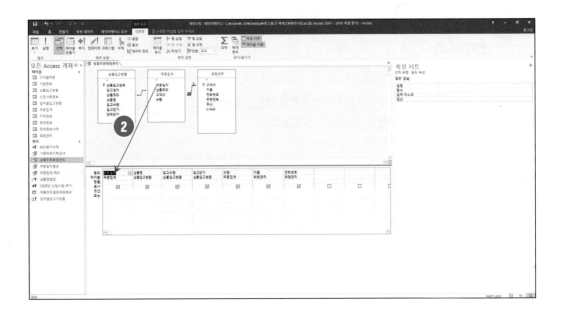

작업 4 "쿼리수정.accdb" 데이터베이스 파일 "상품주문회원관리" 쿼리의 "이름" 필드를 2번째 열로 이동합니다.

해결

1. [탐색창]–[쿼리]"상품주문회원관리" 쿼리 [마우스 오른쪽 버튼]–[디자인 보기]명령 선택합니다.
2. [쿼리 디자인]창 "이름" 필드 선택 드래그해서 2번째 필드로 이동합니다.
3. 결과 확인 후 [저장]–[닫기]합니다.

   ※ 필드를 선택하거나 이동할 때 필드이름 윗 부분의 필드 선택기를 클릭하거나 드래그합니다.

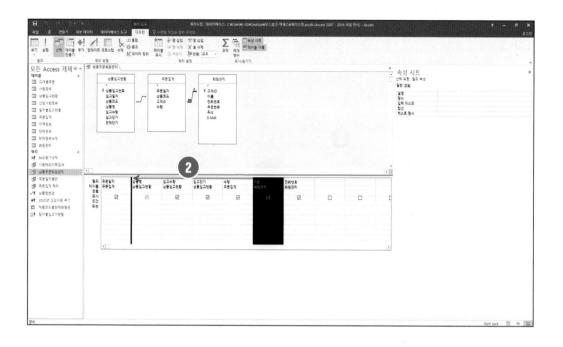

작업 5 "쿼리수정.accdb" 데이터베이스 파일의 "제품코드별판매량평균" 쿼리 "판매량의평균1" 필드 이름을 "판매량 평균"으로 변경합니다.

해결

1. [탐색창]–[쿼리] "제품코드별판매량평균" 쿼리 [마우스 오른쪽 버튼]–[디자인 보기]명령 선택합니다.

2. [디자인 창] 필드 행 "판매량 평균: 판매량" 입력합니다.

3. 결과 확인 후 [저장]–[닫기]합니다.

    ※ 쿼리의 필드 이름 변경작업은 디자인 창 필드 행에 "새로운 필드이름: 기존 필드이름"으로 입력합니다.

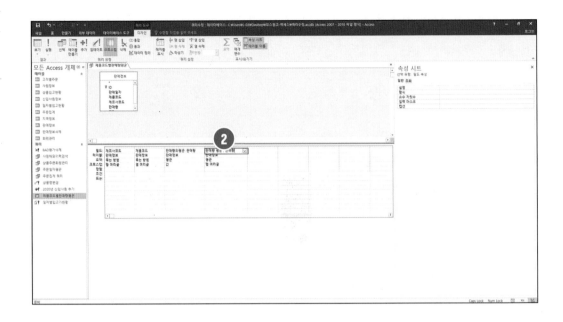

작업 6 "쿼리수정.accdb" 데이터베이스 파일 "주문관리" 쿼리의 "전화번호" 필드를 삭제하고, "상품명"필드를 오름차순, "수량"필드를 내림차순으로 정렬되도록 합니다.

해결

1. [탐색창]–[쿼리] "주문관리" 쿼리 [마우스 오른쪽 버튼]–[디자인 보기]명령 선택합니다.

2. "전화번호" 필드 선택 [쿼리 도구]–[디자인]–[쿼리 설정]–[열 삭제]선택합니다.

3. 디자인 창 "상품명" 필드 "정렬: 오름차순", "수량" 필드 "정렬: 내림차순" 선택합니다.

4. 결과 확인 후 [저장]–[닫기]합니다.

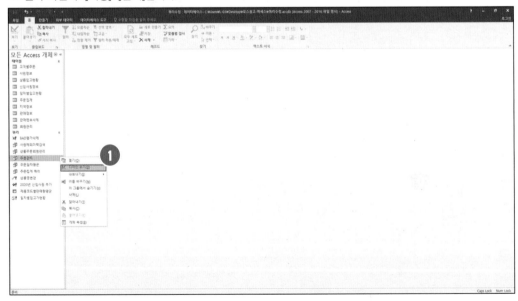

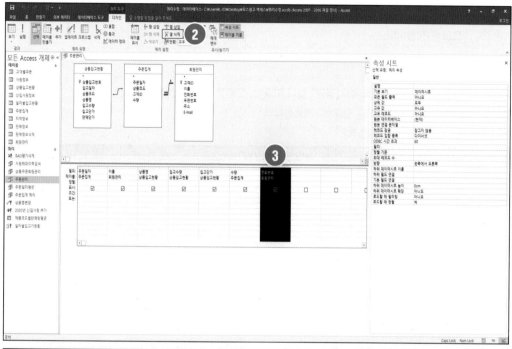

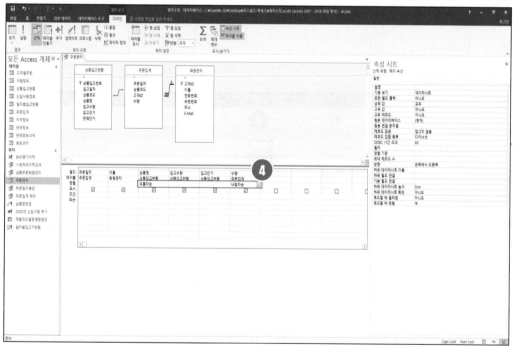

작업 7 "쿼리수정.accdb" 데이터베이스 파일의 "제품코드별판매량평균" 쿼리 자료의 글꼴을 "굵게, 파랑색"
으로 지정합니다.

해결

1. [탐색창]–[쿼리] "제품코드별판매량평균" 쿼리 [마우스 오른쪽 버튼]–[열기] 명령 선택합니다.

2. [홈]–[텍스트 서식] "굵게, 파랑 글꼴색" 적용합니다.

3. 결과 확인 후 [저장]–[닫기]합니다.

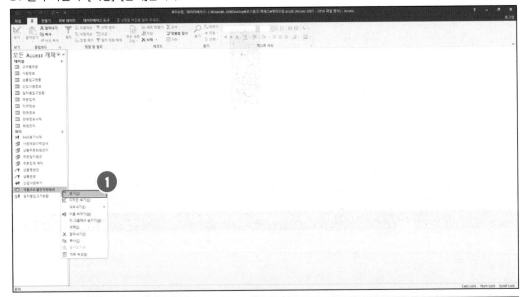

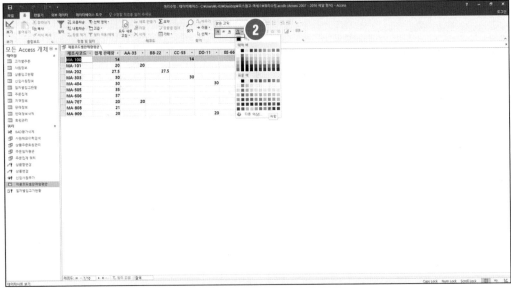

작업 8 "쿼리수정.accdb" 데이터베이스 파일 "상품주문회원관리"쿼리의 "입고수량" 필드에 합계, "입고단가" 필드에 평균을 계산하는 요약 행을 추가합니다

📖 해결

1. [탐색창]–[쿼리] "상품주문회원관리" [마우스 오른쪽 버튼]–[열기]명령 선택합니다.

2. [홈]–[레코드]–[요약]명령 선택합니다.

3. 화면 하단에 생성된 "요약 행"에서 "입고수량" 필드 "합계", "입고단가" 필드 "평균" 함수를 선택합니다.

4. 결과 확인 후 [저장]–[닫기]합니다.

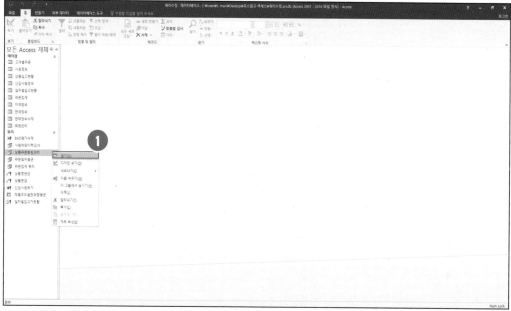

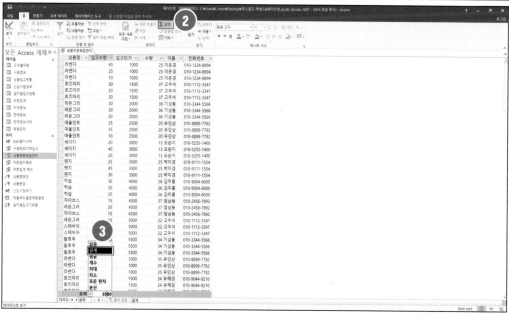

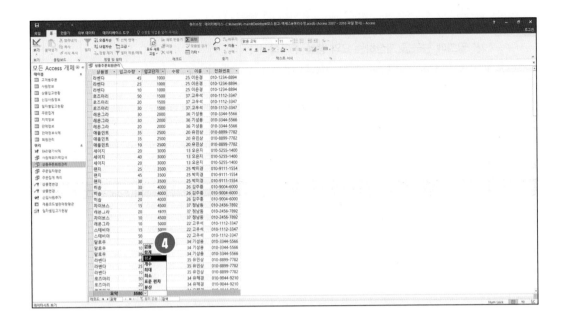

① 쿼리 디자인 보기에서 필드 이동, 삭제, 추가 등의 작업 과정을 정확히 학습합니다.

② 쿼리 열기에서 레코드 서식 지정 및 요약 행 추가 등의 작업 과정을 정확히 학습합니다.

SECTION

3

쿼리 내의 계산된 필드 및 그룹 활동

• Access •

📍 예 제 파 일 쿼리수정-1.accdb
핵심 키워드 계산필드 추가, 정렬 조건지정, 필터링 조건지정

❶ **계산 필드** : 쿼리에 기존 필드를 이용한 계산 필드를 생성, 추가합니다.

❷ **쿼리 정렬 조건** : 쿼리 정렬 조건 : 쿼리에 오름차순/내림차순 정렬을 수행하기 위한 조건을 지정합니다.

❸ **쿼리 필터링 조건** : 쿼리에 필터링을 적용하기 위한 조건을 지정합니다.

> **작업 1** "쿼리수정-1.accdb" 데이터베이스 파일 "판매가계산" 쿼리에 [입고수량]*[입고단가]를 계산하는 "입고금액" 필드를 삽입하고 필드 형식을 "통화"로 지정합니다. 쿼리를 실행합니다.

💡해결

1. [탐색창]–[쿼리] "판매가계산" 쿼리 [마우스 오른쪽 버튼]–[디자인 보기]명령 선택합니다.

2. [쿼리 디자인]창 마지막 필드에 "입고금액 : 입고수량 * 입고단가"을 입력합니다.

3. [필드 속성]–[형식]–[통화] 지정합니다.

4. 결과 확인 후 [저장]–[닫기]합니다.

※ 계산필드 수식에 사용되는 필드이름을 입력할 때 "[ ]" 입력하지 않아도 됩니다.

※ 계산필드를 작성하는 형식 "필드이름 : 수식"입니다.

※ 속성 시트는 "필드이름" [마우스 오른쪽 버튼]–[속성]선택합니다.

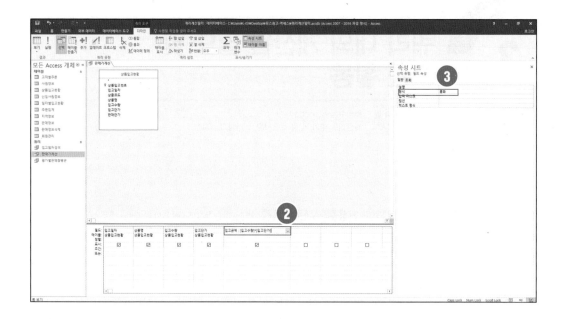

작업 2 "쿼리수정-1.accdb" 데이터베이스 파일 "평가별판매량" 쿼리를 "판매일자" 필드가 2013년 5월 자료에서 "평가" 필드가 "GOOD" 인 자료의 "판매량" 필드의 평균을 계산하는 쿼리로 수정하고 "제품코드" 필드는 삭제합니다. 쿼리 실행은 선택사항입니다.

해결

1. [탐색창]–[쿼리] "평가별판매량" 쿼리 [마우스 오른쪽 버튼]–[디자인 보기]명령 선택합니다.
2. [쿼리 디자인]창 "판매일자" 필드 조건 행: Between #2013–05–01# and #2013–05–31# 와 "평가" 필드 조건 행: "GOOD" 입력합니다.
3. "제품코드" 필드 선택 [쿼리 도구]–[디자인]–[쿼리 설정]–[열삭제]명령 선택합니다.
4. 결과 확인 후 [저장]–[닫기]합니다.

   ※ 연산자: Between 시작값 And 끝값(구간을 지정하는 연산자)
   ※ 엑세스 날짜 표시 형식: #년–월–일#
   ※ "Between #2013–05–01# And #2013–05–31#" 또는 ">=#2013–05–01# and <=#2013–05–31#" 형식으로 지정합니다.
   ※ 2013년 5월 의미: 2013년 5월 01일 이상이고 2013년 5월 31일 이하인 자료

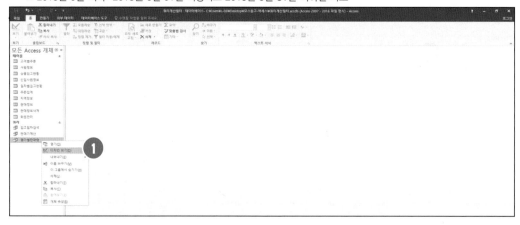

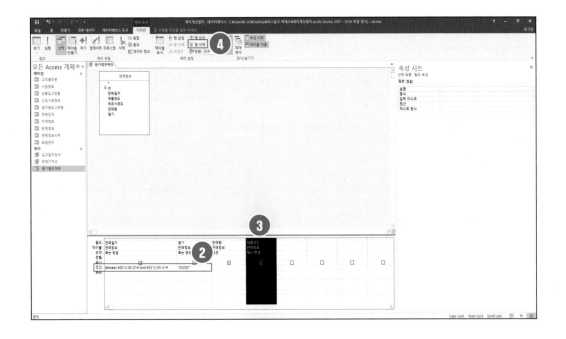

작업 3 "쿼리수정-1.accdb" 데이터베이스 파일 "상품명검색" 쿼리 "상품명" 필드가 "로즈마리, 레몬그라"
인 상품 중 "입고수량" 필드가 25이상인 자료를 표시하는 조건을 지정합니다. 쿼리를 실행합니다.

💡 **해결**

1. [탐색창]-[쿼리] "상품명검색" 쿼리 [마우스 오른쪽 버튼]-[디자인 보기]명령 선택합니다.
2. [쿼리디자인]창 "상품명" 필드 조건 행 "로즈마리 or 레몬그라"와 "입고수량" 필드 조건 행 ")=25"에 입력합니다.
3. [쿼리 도구]-[디자인]-[결과]-[실행]선택합니다.
4. 결과 확인 후 [저장]-[닫기]합니다.
   ※ 조건을 지정할 때 "Or"연산자를 사용하거나, 결과 풀이화면과 같이 입력해도 결과는 동일합니다.

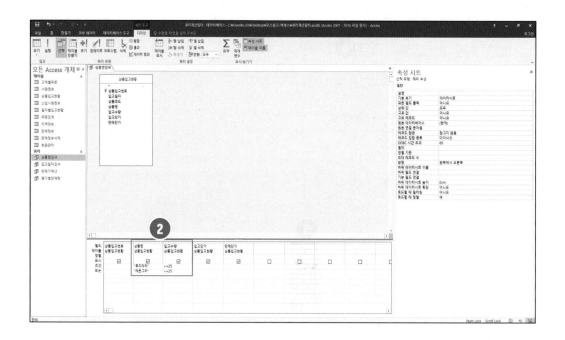

실전 적응 모의고사 3회

| 예제파일 실전적응모의고사-3.accdb

작업1 "생산자정보" 테이블의 "제조사, 코드, A/S영역" 필드와 "제품목록" 테이블의 "설치방식, 데이터맵, 가격, 출시년도" 필드로 구성되는 "제품관리" 테이블을 생성하는 "제품관리테이블만들기" 쿼리를 작성합니다. 작성된 쿼리를 실행합니다.

작업2 "판매현황" 테이블 "판매일자" 필드 기준으로 일자별 "온라인평점"의 최대값을 표시하는 단순 요약 쿼리를 작성합니다. 쿼리 이름은 "평점최대값"으로 저장하고 쿼리 실행은 선택사항입니다.

작업3 "학부모" 테이블 "직업" 필드의 "직장인"을 "회사원" 값으로 변경하는 업데이트 쿼리를 작성합니다. 쿼리 이름을 "직업변경"으로 저장하고, 작성된 쿼리를 실행합니다.

작업4 "학부모추가" 테이블 모든 필드를 "학부모" 테이블에 추가하는 쿼리를 작성합니다. 쿼리 이름 "신입생학부모추가"로 저장하고 쿼리를 실행합니다.

작업5 "생산자정보" 테이블의 "제조사, 주소" 필드, "제품목록" 테이블의 "메모리용량, 가격" 필드, "판매현황" 테이블 "판매일자, 판매량, 온라인평점" 필드를 포함하는 "종합정보표시" 쿼리를 작성합니다. 작성된 쿼리는 "메모리용량" 필드를 오름차순, "온라인평점" 필드를 내림차순으로 정렬되어 표시되도록 합니다. 작성된 쿼리는 실행합니다.

작업6 "제품목록" 테이블 모든 필드를 포함하고 외장메모리 지원 여부에 따른 제품을 표시하는 "메모리"이름의 매개변수 쿼리를 작성합니다. 매개변수 메시지는 "외장메모리지원"으로 표시하고, 매개변수 데이터 형식은 "예/아니오" 형식으로 지정합니다. 쿼리 실행은 선택사항입니다.

작업7 쿼리 마법사를 이용해서 "판매현황" 테이블의 "제조사코드", "제품코드" 필드별 판매량의 합계를 표시하는 크로스탭 쿼리를 작성합니다. 쿼리 이름은 "제조사제품코드별합계"로 저장합니다. 작성된 쿼리를 실행합니다.

작업8 "수도권AS관리" 테이블에서 "A/S지역" 필드 값이 "전국"인 자료를 삭제하는 쿼리를 작성합니다. 작성된쿼리는 "수도권AS" 이름으로 저장하고 작성된 쿼리는 실행합니다.

작업9 "수도권AS" 쿼리를 "수도권사후관리" 쿼리 이름으로 복사하고, "수도권AS" 쿼리는 숨기기 합니다.

작업10 "등원학생정보" 쿼리를 삭제합니다.

작업11 "강사별학생관리" 쿼리에서 "강사코드" 필드를 2번째 필드로 이동하고, "성별" 필드는 삭제, "직무평가점수" 필드를 마지막 필드에 추가되도록 쿼리를 수정합니다.

작업 12 "제품명관리" 쿼리를 수정해서 "ID" 필드는 숨기기하고, "제품명" 필드를 "제품코드"로 변경하고, "온라인평점" 필드를 내림차순으로 정렬되도록 합니다.

작업 13 "평점최대값" 쿼리 "온라인평점의 최대값" 필드는 소수점1자리까지 표시되도록 수정합니다. 쿼리 실행은 선택사항입니다.("평점최대값"쿼리는 작업 02에서 생성된 쿼리입니다.)

작업 14 "제품명관리" 쿼리에서 "테이터맵" 필드가 "아틀란타", "T-맵"인 내용만 표시되도록 조건을 지정하는 쿼리 수정 작업을 하고 쿼리를 실행합니다.

작업 15 "제품명관리"에서 "온라인평점" 필드의 평균이 표시되도록 쿼리를 수정합니다. 쿼리의 실행은 선택사항입니다.

작업 16 "종합정보표시" 쿼리에 "[가격]*[판매량]"을계산하는 "매출액" 계산필드를 추가하고, "판매일자" 필드값이 2018년 3월 10일부터 2019년 5월 1일까지 판매된 제품 중 온라인 평점이 4.5이상인 제품정보가 "판매일자" 필드로 내림차순 되어 표시되도록 쿼리를 수정합니다. 쿼리를 실행하고 종료합니다.("종합정보표시" 쿼리는 작업 05에서 생성된 쿼리입니다.)

작업 1

1. [만들기]-[쿼리]-[쿼리 디자인]명령 선택합니다. 쿼리 작성에 필요한 "생산자정보, 제품목록" 테이블을 표시합니다.
2. 표시된 원본 테이블에서 결과에 포함될 필드를 더블클릭(드래그)해서 디자인창으로 이동하고 [쿼리 유형]-[테이블만들기]선택하고 테이블이름을 "제품관리"로 입력합니다. [쿼리도구]-[결과]-[실행]명령 선택합니다.
3. 쿼리 실행 후 [탐색창]-[테이블] "제품관리" 생성된 것을 확인합니다.
4. [쿼리 저장]선택 쿼리이름 "제품관리테이블만들기" 입력 [확인]선택 후 쿼리 닫기합니다.

작업 2

1. [만들기]-[쿼리]-[쿼리 마법사]-[단순 쿼리 마법사]명령 선택합니다.
2. [마법사 1단계]에서 "판매현황" 테이블 "판매일자, 온라인 평점" 필드 선택합니다.
3. [마법사 2단계]에서 [요약]선택 "온라인 평점 필드, 최대" 지정 합니다.
4. [마법사 3단계]에서 쿼리의 날짜 그룹화 기준에 "일" 지정 합니다.
5. [마법사 4단계]에서 쿼리 이름 "평점최대값"으로 지정하고 [마침]선택 합니다.
6. 결과 확인 후 [저장]-[닫기]합니다.
   ※ 단순 요약 쿼리, 크로스탭 쿼리는 쿼리 마법사를 이용해서 작성하는 간편합니다.

작업 3

1. [만들기]-[쿼리]-[쿼리 디자인]명령 선택합니다. "학부모" 테이블을 표시하고, [쿼리 도구]-[디자인]-[쿼리 유형]-[업데이트]쿼리로 지정합니다.
2. "직업" 필드를 드래그(더블클릭)해서 디자인 창으로 이동하고 "조건: 직장인, 업데이트: 회사원" 지정하고 실행합니다. 쿼리 이름 "직업변경"을 지정하고 [저장]-[닫기]합니다.

작업 4

1. [만들기]-[쿼리]-[쿼리 디자인]명령 선택합니다.
2. 추가할 내용이 있는 "학부모추가" 테이블을 표시하고 [쿼리 도구]-[디자인]-[쿼리 유형]-[추가]명령 선택합니다. 추가 테이블에 "학부모"를 지정하고 "학부모추가" 테이블의 모든 필드를 더블클릭(드래그)해서 디자인 창으로 이동하고 [쿼리 도구]-[디자인]-[결과]-[실행]명령 선택합니다.
3. 실행 결과를 확인하고 쿼리 이름 "신입생학부모추가"을 지정하고 닫기합니다.

작업 5

1. [만들기]-[쿼리]-[쿼리 디자인]명령 선택합니다. 쿼리 작성에 필요한 "생산자정보, 제품목록, 판매현황" 테이블을 표시합니다.
2. 표시된 원본 테이블에서 결과에 포함될 필드를 디자인 창으로 이동합니다. 이동된 "메모리용량" 필드에 정렬: 오름차순, "온라인평점" 필드에 정렬: 내림차순을 지정하고 [쿼리 도구]-[결과]-[실행]선택합니다.

3. 실행된 쿼리 결과를 확인하고 "종합정보표시" 이름으로 저장 후 닫기합니다.

작업 6

1. [만들기]–[쿼리]–[쿼리 디자인]명령 선택합니다. 쿼리 작성에 필요한 "제품목록" 테이블을 표시하고 모든 필드를 디자인창으로 이동합니다.

2. "외장메모리지원" 필드 조건 행에 "[외상메노리지원]"의 매개변수를 입력하고, [쿼리 도구]–[디자인]–[표시/ 숨기기]–[매개변수]선택합니다.

3. [쿼리 매개 변수]창에 "매개변수 : [외장메모리지원], 데이터형식 : 예/아니오" 지정하고 [확인]선택 합니다.

4. 쿼리 이름 "메모리" 저장하고 닫기합니다.

작업 7

1. [만들기]–[쿼리]–[쿼리 마법사]–[크로스탭 쿼리 마법사]명령 선택합니다.

2. [크로스탭 쿼리 마법사 1단계] 쿼리 작성에 필요한 "판매현황" 테이블 선택합니다.

3. [크로스탭 쿼리 마법사 2단계] 크로스 탭 쿼리 행 머리글에 "제조사코드" 필드 선택합니다.

4. [크로스탭 쿼리 마법사 3단계] 크로스 탭 쿼리 열 머리글에 "제품코드" 필드 선택합니다.

5. [크로스탭 쿼리 마법사 4단계] 크로스 탭 쿼리 값에 "판매량" 필드, 함수는 "총계" 선택합니다.

6. [크로스탭 쿼리 마법사 5단계] 크로스 탭 쿼리 이름 "제조사제품코드별합계" 지정합니다.

7. 결과 확인 후 [저장]–[닫기]합니다.

   ※ 크로스탭 쿼리는 마법사를 활용해서 작성합니다.
   ※ 문제해석: 제조사코드별(행 머리글), 제품코드별(열 머리글), 판매량 합계(값 영역) 이렇게 판단합니다.

작업 8

1. [만들기]–[쿼리]–[쿼리 디자인]명령 선택합니다. 쿼리 작성에 필요한 "수도권AS관리" 테이블을 표시하고 [쿼리 도구]–[디자인]–[쿼리 유형]–[삭제]쿼리 선택합니다.

2. "수도권AS관리" 테이블 "A/S지역" 필드를 드래그해서 디자인 창으로 이동하고 "조건 행: 전국"으로 지정하고 [쿼리 도구]–[디자인]–[결과]–[실행]선택 합니다.

3. 쿼리 이름 "수도권AS" 저장하고 닫기합니다.

작업 9

1. [탐색창]–[쿼리]–[수도권AS]선택 [마우스 오른쪽 버튼]–[복사], [탐색창]–[마우스 오른쪽 버튼]–[붙여넣기] 선택하고 새로운 쿼리 이름 "수도권사후관리" 지정합니다.

2. [탐색창]–[쿼리]–[수도권AS]선택 [마우스 오른쪽 버튼]–[이 그룹에서 숨기기]명령 선택합니다.

작업 10

1. [탐색창]–[쿼리]–[등원학생정보]선택 [마우스 오른쪽 버튼]–[삭제]명령 선택합니다.

작업 11

1. [탐색창]–[쿼리]–[강사별학생관리]선택 [마우스 오른쪽 버튼]–[디자인 보기]명령 선택합니다.

2. "강사코드" 필드를 선택 2번째 필드 위치로 드래그해서 이동합니다.

3. "성별" 필드 선택 [쿼리 도구]–[쿼리 설정]–[열 삭제]명령 선택합니다.

4. "원생관리" 테이블 "직무평가점수" 필드를 더블클릭(드래그) 디자인 창에 추가합니다.

5. 쿼리 저장하고 닫기합니다.

작업 12

1. [탐색창]–[쿼리]–[제품명관리]선택 [마우스 오른쪽 버튼]–[디자인 보기]명령 선택합니다.

2. "ID필드" 선택하고 디자인 창의 표시 행 선택 해제, "제품명" 필드의 목록단추를 선택 "제품코드" 필드로 선택하고, "온라인평점" 필드 정렬 행 내림차순으로 지정합니다.

3. 쿼리 저장하고 닫기합니다.

작업 13

1. [탐색창]–[쿼리]–[평점최대값]선택 [마우스 오른쪽 버튼]–[디자인 보기]명령 선택합니다.

2. "온라인평점의 최대값" 필드 선택 [마우스 오른쪽 버튼]–[속성]선택 합니다. [속성 시트]–[소수 자리수]항목에 1로 지정합니다.

3. 쿼리 저장하고 닫기합니다.

작업 14

1. [탐색창]–[쿼리]–[제품명관리]선택 [마우스 오른쪽 버튼]–[디자인 보기]명령 선택합니다.

2. "데이터맵" 필드 조건 행에 "아틀란타" 또는 "T–맵"을 지정하고 [쿼리 도구]–[디자인]–[결과]–[실행]명령 선택합니다.

3. 쿼리 [저장]–[닫기]합니다.

작업 15

1. [탐색창]–[쿼리]–[제품명관리]선택 [마우스 오른쪽 버튼]–[디자인 보기]명령 선택합니다.

2. [쿼리 도구]–[디자인]–[표시/숨기기]–[요약]명령 선택합니다.

3. "온라인평점" 필드의 요약 행에 "평균"으로 지정합니다.

4. 쿼리를 저장하고 닫기합니다.
   ※ 작업 14)의 실행결과(필터링)가 적용된 상태에서 '온라인평점' 필드의 평균이 표시됨

작업 16

1. [탐색창]–[쿼리]–[종합정보표시]선택 [마우스 오른쪽 버튼]–[디자인 보기]명령 선택합니다.

2. [디자인 창]에 "매출액: [가격]*[판매량]" 의 계산 필드를 추가합니다.

3. "판매일자" 필드 정렬 행에 "내림차순", 조건 행에 ")=#2018-03-10# And <=#2019-05-01#"을 지정하고 "온라인평점" 필드 조건 행에 ")=4.5"을 지정하고 [쿼리 도구]–[디자인]–[결과]–[실행]명령 선택합니다.

4. 쿼리를 저장하고 닫기합니다.

CHAPTER 04

양식 작성

폼은 사용자와 데이터베이스를 연결하며, 사용자가 데이터베이스의 구조를 모르더라도 관련성 있는 자료를 입력, 검색, 편집할 수 있는 기능을 제공합니다. 테이블이나 쿼리의 내용을 표시하는 폼을 작성하는 다양한 명령과 수정 기능에 필요한 명령 및 폼을 구성하는 컨트롤 속성을 지정하여 자료를 효과적으로 표시할 수 있는 기능에 대해 살펴보도록 합니다.

SECTION 1 폼 작성

📍 예 제 파 일   폼작성.accdb
　　핵심 키워드   폼 마법사, 새 폼(레이아웃), 폼 디자인

❶ **폼 마법사** : 마법사를 활용해서 테이블/쿼리 내용이 표시되는 폼을 작성합니다.
❷ **새 폼(레이아웃 보기)** : 필드 목록 창을 사용해서 테이블/쿼리 내용이 표시되는 폼을 작성합니다.
❸ **폼 디자인** : 폼 디자인 보기에서 컨트롤을 생성하면서 테이블/쿼리 내용이 표시되는 폼을 작성합니다.
❹ **서식 파일** : 서식(템플릿)파일을 이용해서 폼을 작성합니다.

작업 1 "폼작성.accdb" 데이터베이스 파일에서 폼 마법사를 활용해서 "제품별판매내역" 테이블의 "ID" 필드를 제외한 모든 필드 내용을 표시하는 "열 형식" 레이아웃 폼을 작성하고 "판매내역표시" 이름으로 저장합니다.

💡해결

1. [만들기]–[폼]–[마법사]명령 선택합니다.
2. [폼 마법사] 1단계 "제품별판매내역" 테이블 필드중 "ID" 필드를 제외한 모든 필드를 [선택한 필드]쪽으로 이동합니다.
3. [폼 마법사] 2단계 폼 레이아웃 "열 형식"으로 지정합니다.
4. [폼 마법사] 3단계 "판매내역표시" 폼 이름을 입력합니다.

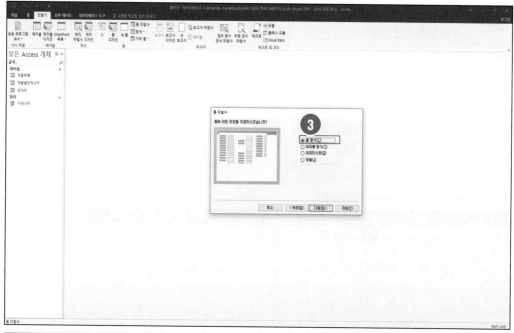

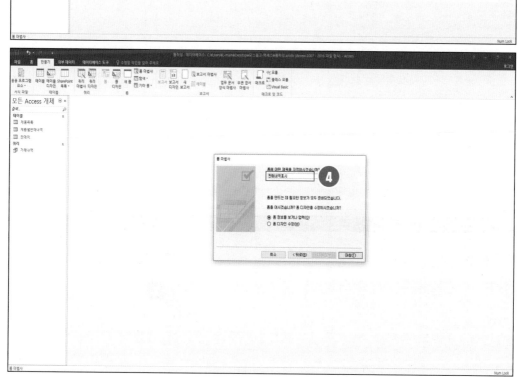

작업 2 "폼작성.accdb" 데이터베이스 파일에서 "판매처" 테이블 모든 필드를 표시하는 "판매처정보" 폼을
새 폼으로 작성합니다.

해결

1. [만들기]–[폼]–[새 폼]명령 선택합니다.
2. [필드 목록]작업창 "판매처" 테이블 선택하고 각 필드를 더블클릭해서 폼으로 이동합니다.
3. [저장]명령 선택 폼 이름을 입력합니다.
4. 결과 확인 후 [저장]–[닫기]합니다.

> ※ 디자인 작업 중 [폼 디자인 도구]–[디자인]–[도구]–[기존 필드 추가]명령을 사용하여 "필드 목록" 창을 표시하는 것이 중요합
> 니다.
> ※ 새 폼과 레이아웃 보기 동일한 용어입니다.

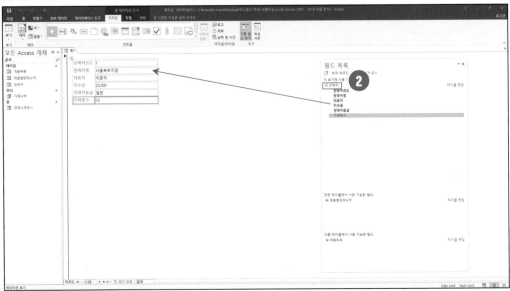

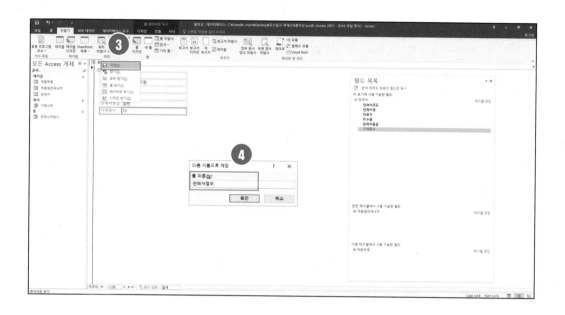

작업 3 "폼작성.accdb" 데이터베이스 파일에서 "제품목록" 테이블의 모든 내용을 표시하는 "특산물표시" 폼을 디자인 보기로 생성합니다.

해결

1. [만들기]-[폼]-[폼 디자인]명령 선택합니다.

2. [필드 목록]작업창 "제품목록" 테이블 선택합니다.

3. 각 필드를 더블클릭해서 폼으로 이동합니다.

4. [저장] 명령 선택 폼이름 "특산물표시" 입력합니다.

5. 결과 확인 후 [저장]-[닫기]합니다.

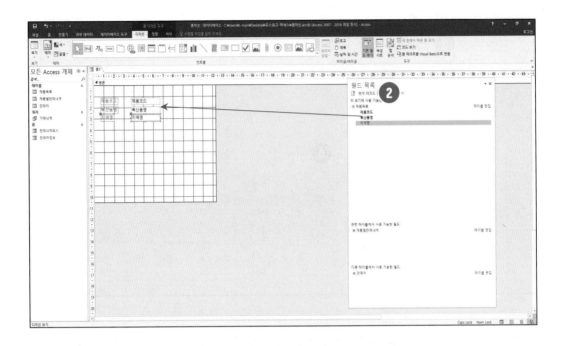

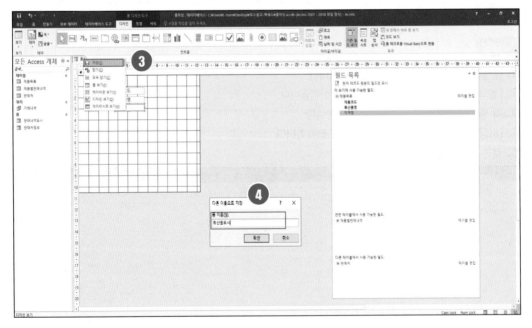

작업 4 "폼작성.accdb" 데이터베이스 파일에서 "미디어" 서식파일을 기반으로 폼을 생성합니다. 기본값 상태에서 저장합니다.

해결

1. [만들기]–[서식 파일]–[응용 프로그램 요소]–[빈 폼]–[미디어] 명령을 선택합니다.

2. 모든 개체를 종료 [저장]–[닫기]합니다.

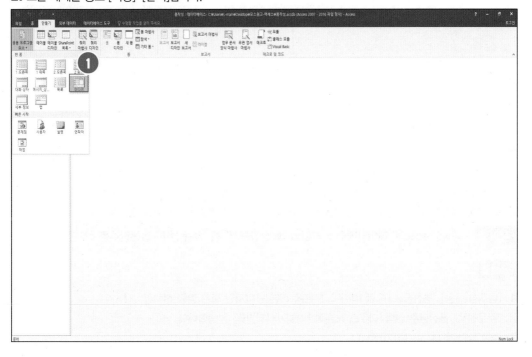

만점합격 Tip

① "폼 마법사", "새 폼(레이아웃)", "폼 디자인" 명령을 이용한 폼 작성 작업 과정을 정확히 학습합니다.

② 템플릿을 이용한 폼 작성 과정을 정확히 학습합니다.

SECTION

2 폼 컨트롤 설정

• Access •

◉ 예 제 파 일 **폼속성.accdb**
  핵심 키워드 필드 추가, 컨트롤 생성(레이블, 텍스트 상자, 하위폼), 컨트롤 삭제, 컨트롤 크기 조정, 컨트롤
  간격 및 여백 조정, 컨트롤 속성

❶ **필드 추가** : 폼 니사인 보기, 폼 레이아웃 보기에서 필드 목록창을 이용해서 테이블의 필드를 추가합니다.

❷ **컨트롤 생성** : 폼 디자인 보기에서 여러 가지 컨트롤을 생성하고 속성을 지정합니다.

❸ **컨트롤 삭제** : 폼 디자인 보기에서 컨트롤을 삭제합니다.

❹ **컨트롤 속성** : 폼 디자인 보기에서 선택한 컨트롤에 속성 시트창에서 속성을 지정합니다.

❺ **컨트롤 배치 및 크기 조정** : 폼 디자인 보기에서 여러 개의 컨트롤를 선택하고 크기 및 위치, 간격 등을
  지정합니다.

작업 1 "폼속성.accdb" 데이터베이스 파일의 "특산물표시" 폼 "주문선택" 옵션단추를 삭제합니다.

해결

1. [탐색창]–[폼] "특산물표시" 폼 [마우스 오른쪽 버튼]–[디자인 보기]명령 선택합니다.

2. "주문선택" 옵션단추 선택 [마우스 오른쪽 버튼]–[삭제]명령 선택합니다.

3. 결과 확인 후 [저장]–[닫기]합니다.

  ※ 폼이나 보고서를 구성하는 컨트롤을 삭제할 때는 삭제 대상을 선택 키보드의 "'delete" 키를 사용해서 삭제도 가능합니다.
  ※ 삭제대상 레이블이 아닌 옵션 단추를 정확히 선택해야 합니다.

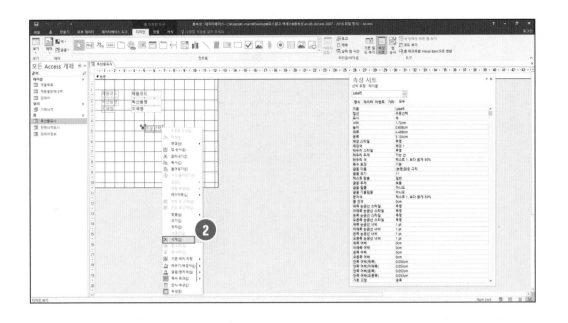

작업 2 "폼속성.accdb" 데이터베이스 파일 "판매내역표시" 폼 모든 레이블 컨트롤을 왼쪽으로 맞춤합니다.

🔑 해결

1. [탐색창]–[폼] "판매내역표시" 폼 [마우스 오른쪽 버튼]–[디자인 보기]명령 선택합니다.

2. 본문 영역 모든 레이블 컨트롤 선택 [폼 디자인 도구]–[정렬]–[크기 및 순서 조정]–[맞춤]–[왼쪽]명령 선택합니다.

3. 결과 확인 후 [저장]–[닫기]합니다.

   ※ 여러 개의 컨트롤 선택 방법

   1. 폼 빈영역에서 마우스 드래그로 선택합니다.

   2. Shift키를 누른 상태로 선택합니다.

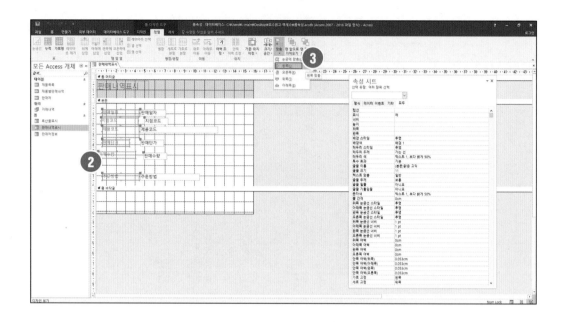

"폼속성.accdb" 데이터베이스 파일 "판매내역표시" 폼 모든 레이블 컨트롤 크기를 "가장 넓은 너비에", "가장 짧은 길이에" 맞춰 조정하고 세로 간격을 동일하게 조정합니다.

해결

1. [탐색창]–[폼] "판매내역표시" 폼 [마우스 오른쪽 버튼]–[디자인 보기]명령 선택합니다.
2. 본문 영역 모든 레이블 컨트롤 선택합니다.
3. [폼 디자인 도구]–[정렬]–[크기 및 순서 조정]–[맞춤]–[크기/공간]–[가장 넓은 너비에]명령 선택합니다.
4. [폼 디자인 도구]–[정렬]–[크기 및 순서 조정]–[맞춤]–[크기/공간]–[가장 짧은 길이에]명령 선택합니다.
5. [폼 디자인 도구]–[정렬]–[크기 및 순서 조정]–[맞춤]–[크기/공간]–[세로 간격 같음]명령 선택합니다.
6. 결과 확인 후 [저장]–[닫기]합니다.

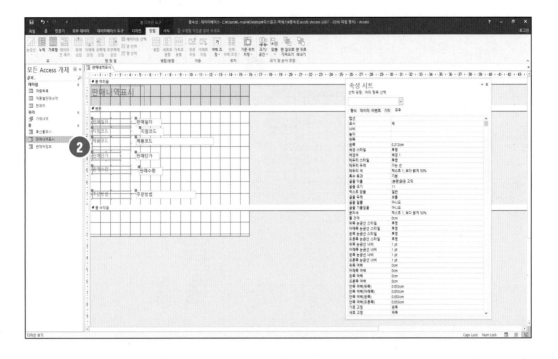

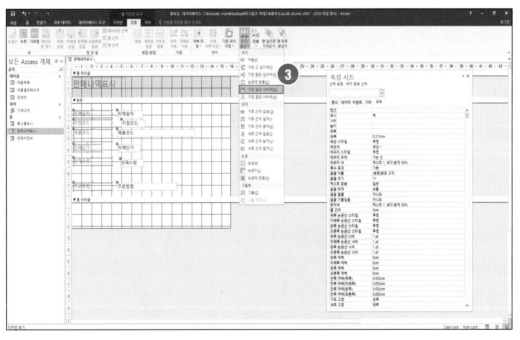

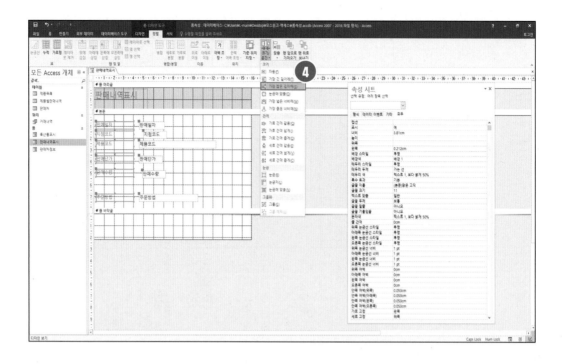

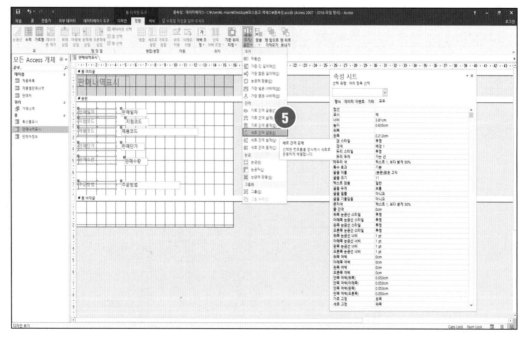

작업 4 "폼속성.accdb" 데이터베이스 파일 "판매내역표시" 폼 머리글 영역 "판매내역표시" 레이블 내용을 "일자별판내역표시"로 변경합니다.

해결

1. "판매내역표시" 폼 [마우스 오른쪽 버튼]–[디자인 보기]명령 선택합니다.

2. [폼 머리글]영역 레이블 선택 내용을 입력합니다.

3. 결과 확인 후 [저장]–[닫기]합니다.

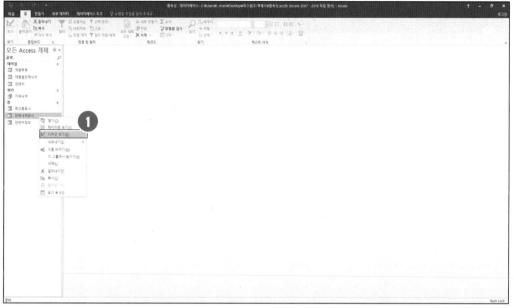

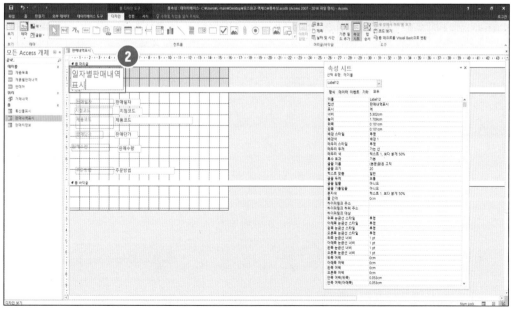

작업 5 "폼속성.accdb" 데이터베이스 파일 "판매처정보" 폼 "판매처명" 필드 아래에 "제품목록" 테이블의 "특산품명, 지역명" 필드를 추가합니다.

해결

1. [탐색창]–[폼] "판매처정보" 폼 [마우스 오른쪽 버튼]–[레이아웃 보기]명령 선택합니다

2. [필드 목록]창 "제품목록" 테이블 "특산품명, 지역명" 필드를 "판매처명" 필드 아래쪽으로 드래그합니다.

3. 결과 확인 후 [저장]–[닫기]합니다.

※ [필드 목록]창 화면 표시는 [폼 디자인 도구]–[디자인]–[도구]–[기존 필드 추가]명령을 선택합니다.

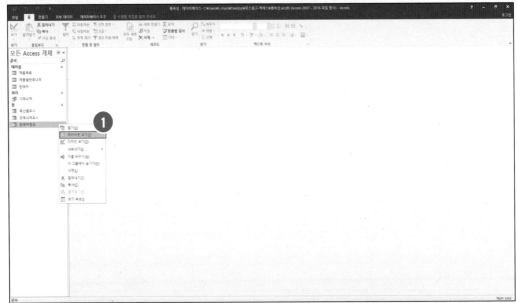

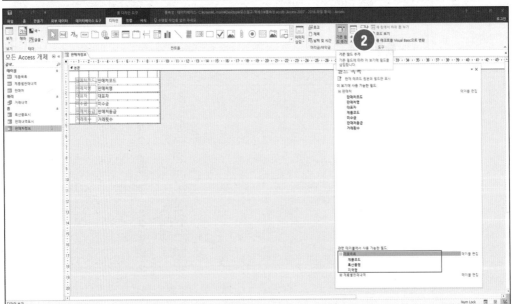

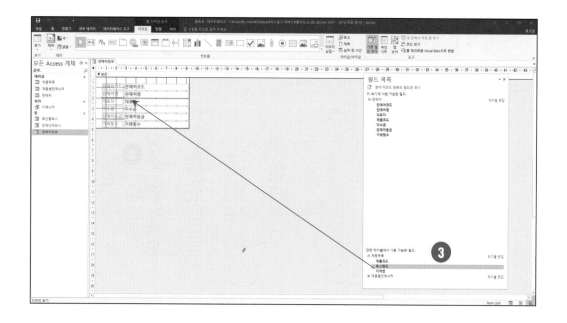

작업 6 "폼속성.accdb" 데이터베이스 파일 "특산물표시" 폼 모든 텍스트 상자에 테두리 스타일 "실선", 테두리 두께 "2pt", 특수효과 "볼록" 속성을 지정합니다.

해결

1. [탐색창]–[폼] "특산물표시" [마우스 오른쪽 버튼]–[디자인 보기]명령 선택합니다.

2. 본문 영역 모든 텍스트 컨트롤 선택합니다.

3. [속성 시트]–[모두]탭 선택 후 문제의 해당 항목을 "테두리 스타일: 실선, 테두리 두께: 2pt, 특수효과: 볼록" 지시 사항대로 지정합니다.

4. 결과 확인 후 [저장]–[닫기]합니다.

※ 컨트롤 속성은 [속성 시트]창에서 지정합니다.

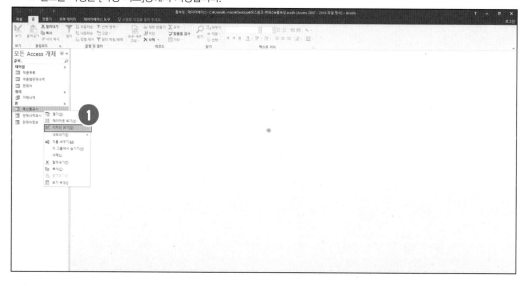

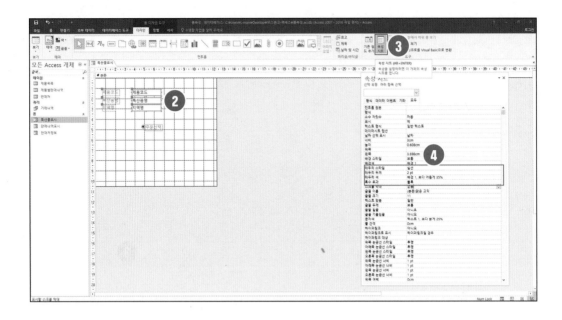

작업 7 "폼속성.accdb" 데이터베이스 파일 "특산물표시" 폼 모든 레이블 컨트롤 크기를 "가장 넓은 너비에 맞게" 조정하고, 글꼴 두께 "굵게", 특수효과 "그림자" 속성을 지정합니다.

해결

1. [탐색창]–[폼] "특산물표시" [마우스 오른쪽 버튼]–[디자인 보기]명령 선택합니다

2. 본문 영역 모든 레이블 컨트롤 선택 [폼 디자인 도구]–[정렬]–[크기 및 순서 조정]–[맞춤]–[크기/공간]–[가장 넓은 너비에]명령 선택합니다.

3. 본문 영역 모든 레이블 컨트롤 선택 [속성 시트]–[모두]탭 "글꼴 두께, 특수 효과" 속성 항목을 문제 지시 사항대로 지정합니다.

4. 결과 확인 후 [저장]–[닫기]합니다.

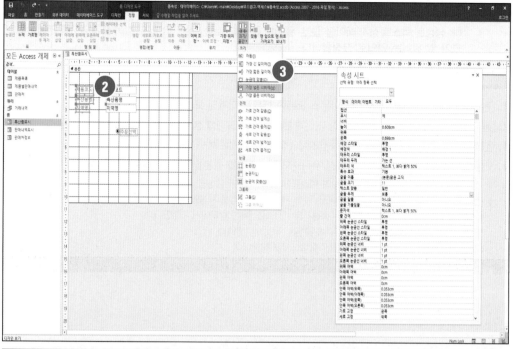

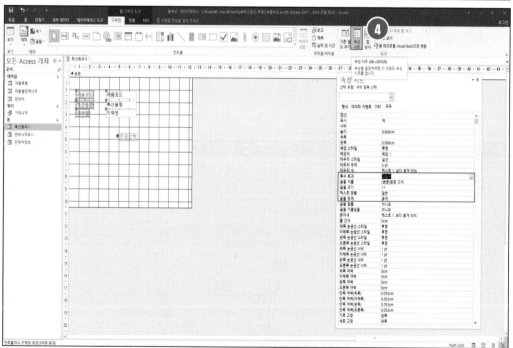

작업 8 "폼속성.accdb" 데이터베이스 파일 "판매내역표시" 폼 "판매일자" 필드 위에 텍스트 상자를 생성합니다. 생성된 텍스트 상자 레이블 캡션 "일련번호", 텍스트 상자는 "ID"필드 값이 표시되도록 연결합니다. 크기 및 위치는 임의로 결정합니다.

해결

1. [탐색창]–[폼] "판매내역표시" 폼 [마우스 오른쪽 버튼]–[디자인 보기]명령 선택합니다.

2. [폼 디자인 도구]–[컨트롤]–[텍스트 상자]선택 본문 영역에 드래그 생성합니다. [텍스트 마법사]창은 취소합니다.

3. 왼쪽 레이블 컨트롤 선택 [속성시트]–[모두]–[캡션]항목 "일련번호" 를 입력합니다.

4. 오른쪽 텍스트상자 컨트롤 선택 [속성시트]–[모두]–[컨트롤 원본]항목 "ID" 필드 선택합니다.

※ 컨트롤 상자를 생성하면 "레이블(왼쪽)과 텍스트상자(오른쪽)"가 생성됩니다.

※ 컨트롤 관련작업은 디자인 보기 상태에서 "속성 시트"에서 속성을 지정합니다.

: 텍스트 상자에 표시할 값(필드, 함수)은 속성 시트 "컨트롤 원본" 항목에서 지정합니다.

: 컨트롤 원본에 지정 예) [ID], =[성] & " " & [이름], =SUM([금액])

: 레이블에 표시할 내용은 속성 시트 "캡션" 항목에서 지정합니다.

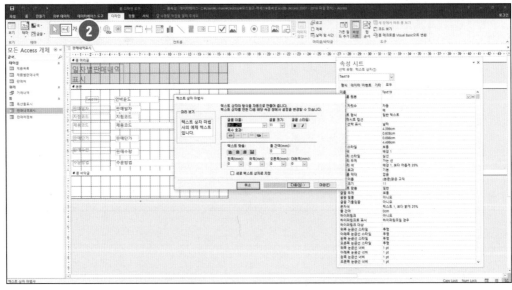

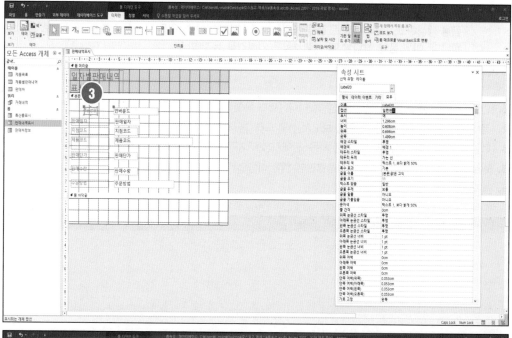

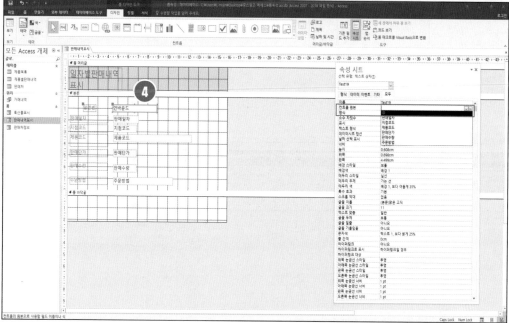

작업 9 "폼속성.accdb" 데이터베이스 파일 "제품목록" 테이블의 모든 필드를 포함하는 "제품별판매내역" 폼을 생성하고, "판매처정보" 폼을 하위폼으로 삽입합니다. 하위폼 보고서 이름은 '판매정보"로 지정합니다. 하위 폼을 삽입할 때 선택사항은 기본값을 유지합니다.

해결

1. [만들기]–[폼]–[폼 디자인] 명령을 선택합니다. [필드 목록] 창 "제품목록" 테이블의 모든 필드 선택합니다.

2. [폼 디자인 도구]–[컨트롤]–[하위폼 보고서]선택 드래그해서 생성합니다.

3. [하위 폼 보고서 마법사]에서 "기존 폼 사용: 판매처정보" 지정 후 기본값 상태 "판매정보" 이름으로 [저장]합니다.

4. 하위 폼이 완료된 후 상위 폼을 "제품별판매내역" 이름으로 [저장]합니다.

5. 결과 확인 후 [저장]–[닫기]합니다.

  ※ 작업 순서: 디자인 보기상태에서 상위폼(제품별판매내역)을 생성하고, 하위폼 컨트롤을 삽입합니다.

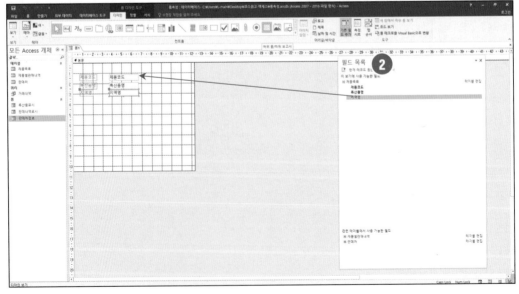

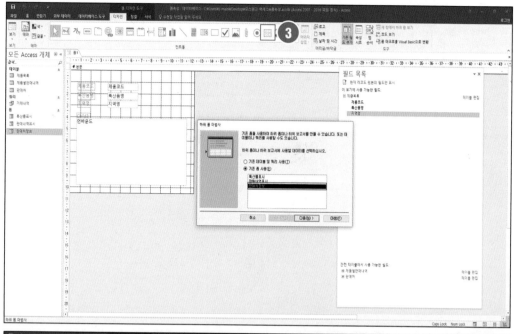

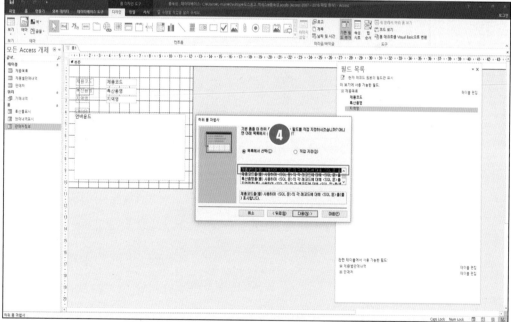

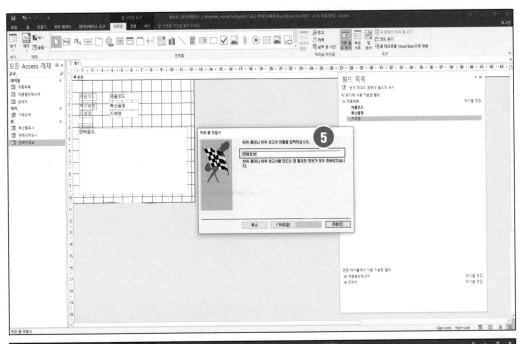

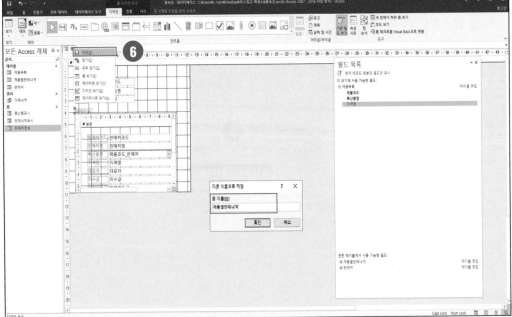

작업 10 "폼속성.accdb"데이터베이스 파일 "특산물표시"폼의 레코드 원본 속성을 "제품목록" 테이블로 지정합니다.

해결

1. [탐색창]–[폼] "특산물표시" 폼 선택 [마우스 오른쪽 버튼]–[디자인 보기]명령 선택합니다.
2. "폼 전체" 선택 [속성 시트]–[레코드 원본]항목 "제품목록" 테이블 선택합니다.

   ※ 레코드 원본 등 폼 속성을 지정하는 작업은 디자인 보기상태에서 작업합니다.
   ※ 폼이나 보고서 전체를 선택할 때는 폼/보고서의 왼쪽 상단을 선택합니다.

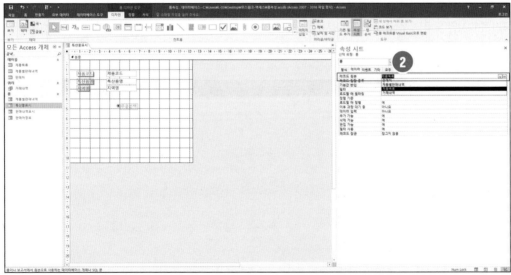

만점합격 Tip

① 작성된 폼에 필드를 추가하거나 삭제하는 작업 과정을 정확히 학습합니다.
② 폼 디자인 보기에서 폼을 구성하는 컨트롤의 크기 및 위치, 속성 지정 작업 과정을 정확히 학습합니다.
③ 폼 디자인 보기에서 텍스트 상자 컨트롤을 생성하고 레이블 및 컨트롤 원본 지정 작업 과정을 정확히 학습합니다.
④ 폼 디자인 보기에서 레이블 컨트롤을 생성하고 속성 시트에서 속성 지정 작업 과정을 정확히 학습합니다.
⑤ 폼 디자인 보기에서 폼의 레코드 원본 지정 작업 과정을 정확히 학습합니다.

3 폼 양식

예 제 파 일   **폼양식.accdb**
핵심 키워드   배경 서식, 그림 삽입, 테마 적용, 인쇄 적용, 정렬 및 필터, 머리글/바닥글

❶ **배경 서식** : 폼 배경 이미지를 삽입하는 작업입니다.

❷ **그림 삽입**: 폼에 이미지를 삽입하여 본문 구역 등에 배치하는 작업입니다.

❸ **테마 적용 및 효과**: 일정한 주제에 맞는 효과를 일괄적으로 적용하는 작업입니다.

❹ **정렬 및 필터**: 폼이 로드될 때 특정 필드를 기준으로 정렬, 필터링해서 레코드를 표시합니다.

❺ **머리글/바닥글**: 폼 머리글/바닥글 구역에 페이지번호, 날짜, 제목 등을 삽입합니다.

작업 1 "폼양식.accdb" 데이터베이스 파일의 "특산물표시" 폼 배경 이미지를 "배경.png"로 지정합니다.

해결

1. [탐색창]–[폼] "특산물표시" 폼 [마우스 오른쪽 버튼]–[디자인 보기]명령 선택합니다.

2. [폼 디자인 도구]–[서식]–[배경 이미지]명령 선택합니다.

3. [찾아보기]대화상자 "배경.png" 파일 선택합니다.

4. 결과 확인 후 [저장]–[닫기]합니다.

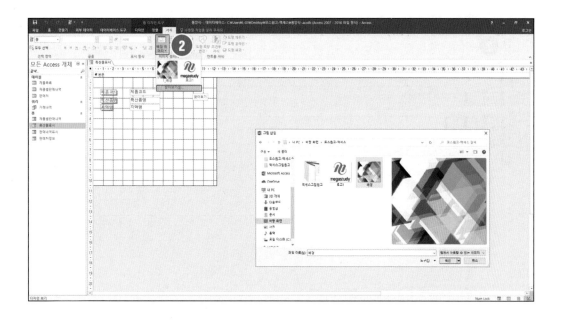

작업 2 "폼양식.accdb" 데이터베이스 파일의 "판매내역표시" 폼에 테마 "슬라이스", 텍스트 색 "움직이는 텍스트"를 적용합니다.

해결

1. [탐색창]-[폼] "판매내역표시" 폼 [마우스 오른쪽 버튼]-[디자인 보기]명령 선택합니다.

2. [폼 디자인 도구]-[디자인]-[테마]-[슬라이스]선택 합니다.

3. [폼 디자인 도구]-[디자인]-[테마]-[색]-[움직이는 텍스트]선택 합니다.

4. 결과 확인 후 [저장]-[닫기]합니다.

   ※ 설치된 오피스 버전에 따라 테마의 종류는 다르게 표시될 수 있습니다.

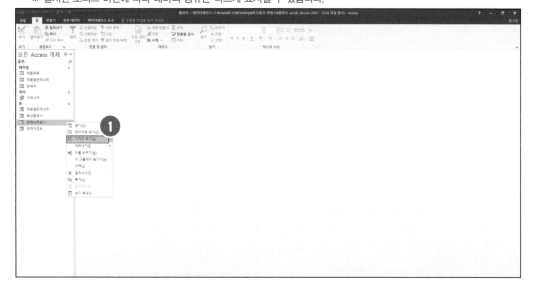

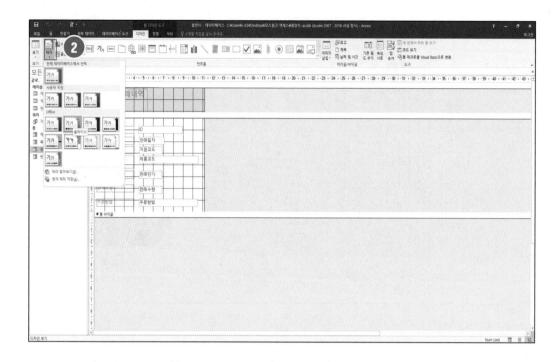

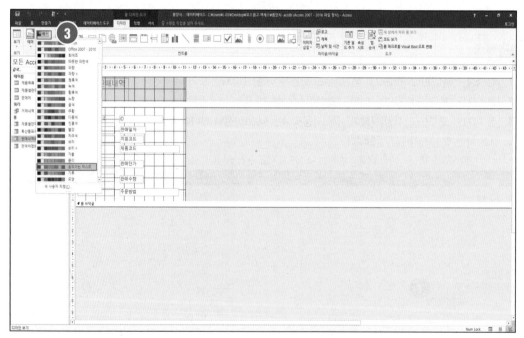

작업 3 "폼양식.accdb" 데이터베이스 파일의 "판매내역표시" 폼 본문 영역의 탭 순서를 자동으로 설정하고 머리글을 날짜만 포함되도록 지정합니다.

해결

1. [탐색창]-[폼] "판매내역표시" [마우스 오른쪽 버튼]-[디자인 보기]명령 선택합니다.

2. [본문]구역-[마우스 오른쪽 버튼]-[탭 순서]명령 선택합니다.

3. [탭 순서]대화상자 [자동순서]명령 선택합니다.

4. [폼 디자인 도구]-[디자인]-[머리글/바닥글]-[날짜 및 시간]명령 선택합니다.

5. [날짜 및 시간]대화상자에서 "날짜 포함" 선택, "시간 포함"선택 해제 합니다.

6. 결과 확인 후 [저장]-[닫기]선택합니다.

  ※ 탭 순서를 지정할 때 "자동순서" 명령을 선택하거나, 필드를 마우스로 드래그해서 지정 가능합니다.

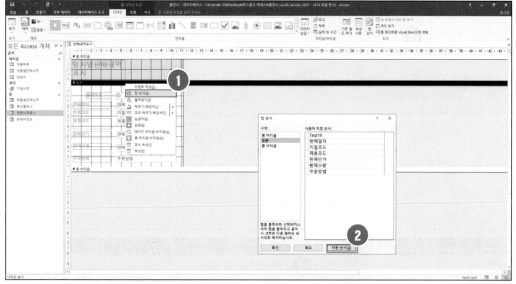

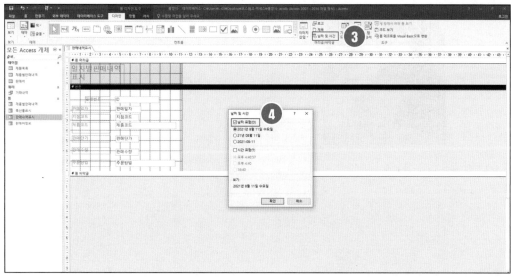

작업 4 "폼양식.accdb" 데이터베이스 파일의 "특산물표시" 폼 모든 컨트롤 여백을 좁게로 조정합니다.

해결

1. [탐색창]–[폼] "특산물표시" [마우스 오른쪽 버튼]–[디자인 보기]명령 선택합니다.

2. 모든 컨트롤 선택 [폼 디자인 도구]–[정렬]–[위치]–[여백 조정]–[좁게]명령 선택합니다.

3. 결과 확인 후 [저장]–[닫기]선택합니다.

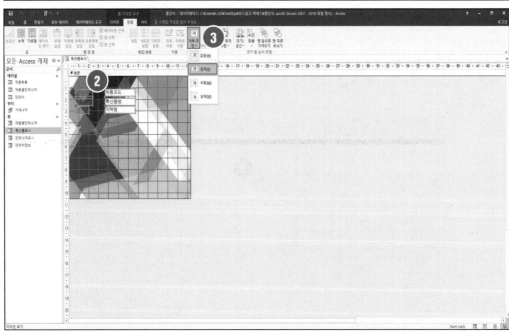

작업 5 "폼양식.accdb" 데이터베이스 파일의 "특산물표시" 폼 모든 컨트롤 기준 위치를 "가로로 늘리기(위쪽)"로 지정합니다.

🔍 해결

1. [탐색창]-[폼] "특산물표시" 폼 [마우스 오른쪽 버튼]-[디자인 보기]명령 선택합니다.
2. 모든 컨트롤 선택 [폼 디자인 도구]-[정렬]-[위치]-[기준 위치 지정]-[가로로 늘리기(위쪽)]명령 선택합니다.
3. 결과 확인 후 [저장]-[닫기]합니다.

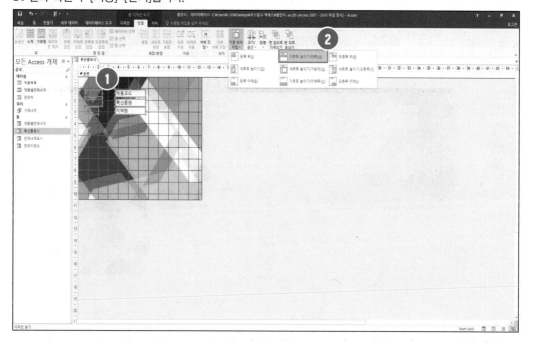

작업 6 "폼양식.accdb" 데이터베이스 파일의 "특산물표시" 폼 본문의 텍스트 상자 아래쪽에 "로고1.png" 그림을 삽입합니다.

해결

1. [탐색창]–[폼] "특산물표시" [마우스 오른쪽 버튼]–[디자인 보기]명령 선택합니다.
2. [폼 디자인 도구]–[컨트롤]–[이미지 삽입]명령 선택합니다.
3. [찾아보기]대화상자 "로고1.png" 파일 선택하고 폼 아래쪽에 드래그해서 그림 삽입합니다.
4. 결과 확인 후 [저장]–[닫기]합니다.

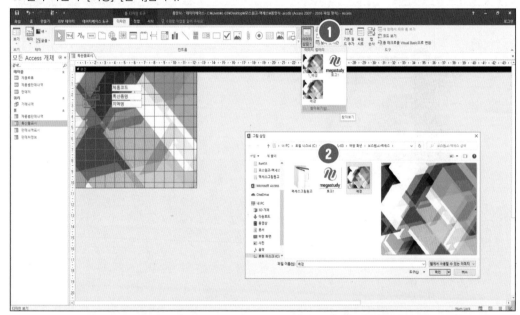

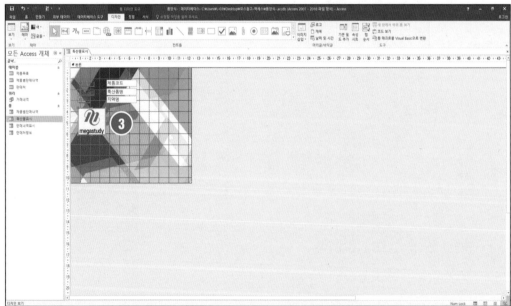

작업 7 "폼양식.accdb" 데이터베이스 파일의 "판매처정보" 폼 레코드를 "판매처코드" 필드 기준으로 내림차
순 정렬하여 표시합니다.

해결

1. [탐색창]–[폼] "판매처정보" 폼 [마우스 오른쪽 버튼]–[열기]명령 선택합니다.

2. "판매처코드" 필드 선택 [홈]–[정렬 및 필터]–[내림차순]명령 선택합니다.

3. 결과 확인 후 [저장]–[닫기]합니다.

※ 레코드(자료)에 관한 작업은 개체(폼, 테이블, 쿼리)를 열기상태에서 작업합니다.

작업 8 "폼양식.accdb" 데이터베이스 파일의 "특산물연속표시" 폼 교차 행 색을 "표준 색 : 연한 회색 1"로 변경합니다.

해결

1. [탐색창]–[폼] "특산물연속표시" 폼 [마우스 오른쪽 버튼]–[디자인 보기]명령 선택합니다.

2. "본문"구역 선택 [폼 디자인 도구]–[서식]–[배경]–[교차 행 색]–[표준 색 : 연한 회색 1] 선택합니다.

3. 결과 확인 후 [저장]–[닫기]합니다.

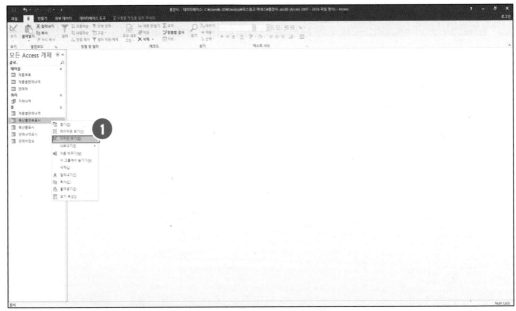

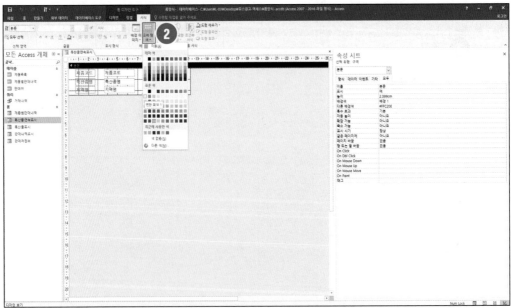

작업 9 "폼양식.accdb" 데이터베이스 파일의 "판매처정보" 폼 모든 컨트롤에 대해 여백 조정을 좁게로 지정합니다.

🔎해결

1. [탐색창]–[폼] "판매처정보" 폼 [마우스 오른쪽 버튼]–[디자인 보기]명령 선택합니다

2. 모든 컨트롤 선택 [폼 디자인 도구]–[정렬]–[위치]–[여백 조정]–[좁게]명령 선택합니다.

3. 결과 확인 후 [저장]–[닫기]합니다.

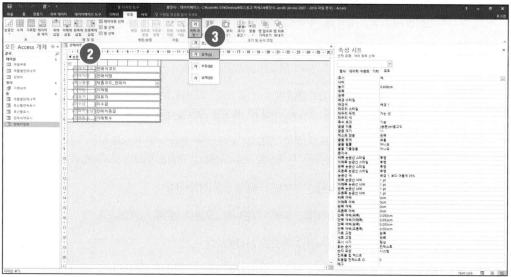

🎯 만점합격 Tip

① 디자인 보기에서 폼에 배경 이미지를 삽입하는 작업 과정을 정확히 학습합니다.

② 디자인 보기에서 폼의 컨트롤에 대한 여백, 기준 위치 등을 지정하는 작업 과정을 정확히 학습합니다.

③ 폼 열기에서 폼의 내용을 정렬 및 필터링 하는 작업 과정을 정확히 학습합니다.

④ 디자인 보기에서 지정된 영역에 탭 순서를 변경하는 작업 과정을 정확히 학습합니다.

⑤ 디자인 보기에서 머리글/바닥글을 삽입하는 작업 과정을 정확히 학습합니다.

작업 1 폼 마법사를 이용하여 "제품관리" 테이블 "A/S영역" 필드를 제외한 모든 필드를 포함하는 "제품관리" 폼을 작성합니다. 폼 레이아웃은 "열 형식"으로 지정합니다.

작업 2 "판매현황" 테이블의 "ID" 필드를 제외한 모든 필드를 포함하는 "판매현황" 폼을 새 폼으로 작성합니다.

작업 3 폼 디자인 보기를 사용해서 "학부모" 테이블의 모든 필드를 표시하는 "학부모" 폼을 생성합니다.

작업 4 "세부정보" 서식파일을 사용해서 폼을 작성합니다.

작업 5 "학부모" 폼의 "주소" 필드 아래쪽에 "텍스트상자" 컨트롤을 삽입합니다. 삽입된 컨트롤 상자의 레이블 캡션은 "거주지주소", 텍스트상자 컨트롤 원본은 "서울특별시"와 "주소" 필드가 같이 표시되도록 합니다.
"서울특별시"와 "주소" 사이에 한칸의 공백이 있도록 합니다.

작업 6 "학부모" 폼의 "주소" 레이블과 "주소"가 표시되는 텍스트 상자 컨트롤을 모두 삭제합니다.

작업 7 "학부모정보" 폼의 모든 레이블 컨트롤 크기를 "가장 넓은 너비에 맞게" 지정하고 "왼쪽 맞춤" 지정합니다. 모든 텍스트 상자 컨트롤은 "가장 긴 길이에, 가장 넓은 너비에" 맞게 크기를 조정하고 오른쪽맞춤 합니다. 모든 컨트롤 세로 간격을 동일하게 지정합니다.

작업 8 "판매현황" 폼의 "판매일자" 필드 아래쪽에 "제품목록" 테이블 "출시년도, 메모리용량" 필드를 추가합니다.(판매현황 폼은 작업 2에서 생성한 폼입니다.)

작업 9 "판매현황" 폼 모든 레이블 컨트롤에 배경색 "교차행", 가운데 맞춤 속성을 지정하고, 모든 텍스트 상자 컨트롤에 "오른쪽 맞춤, 특수효과 볼록" 속성을 지정합니다.

작업 10 "제품목록" 테이블 "제품코드, 제품명" 필드와 "판매현황" 폼을 하위 폼으로 하는 "제품판매하위" 폼을 생성합니다. 하위 폼 이름은 "판매현황"으로 지정하고 단일폼 형태로 표시되도록 지정합니다.

작업 11 "학부모정보" 폼 레코드원본을 "학부모" 테이블로 지정합니다.

작업 12 "학생" 폼 모든 컨트롤의 여백을 "좁게", 기준위치 "오른쪽 위"로 지정합니다.

작업 13 "학생'폼 본문 영역의 탭 순서를 자동으로 지정합니다.

작업 14 "제품판매하위" 폼을 인쇄하기 위한 옵션을 설정합니다. 서식없이 데이터만 인쇄, 용지 방향은 가로 방향으로, 2열 인쇄, 여백은 넓게로 지정된 상태에서 복사본 3부가 인쇄되도록 설정합니다.

작업 15 "학부모" 폼에 "슬라이스" 테마, "노랑색" 테마 색을 지정합니다.

작업 16 "제품관리" 폼 머리글의 레이블을 "제조사별 제품관리"로 변경하고, 오늘날짜가 표시되도록 합니다.(제품관리 폼은 작업 1에서 생성한 폼입니다.)

작업 17 "학부모" 폼의 본문 배경에 "배경.png"을 삽입합니다.

실전 적응 모의고사 4회 – 작업 과정 해설

작업 1

1. [만들기]–[폼]–[폼 마법사]명령 실행합니다. [폼 마법사]에서 폼을 작성할 원본 "테이블: 제품관리" 선택하고 [사용가능한 필드] 내용 중 "A/S영역" 필드를 제외한 나머지 필드를 [선택한 필드]영역으로 이동합니다.

2. [폼 마법사]–[폼 모양]에서 "열 형식" 선택합니다. [폼 마법사]–[폼 제목]에 "제품관리"을 지정 [마침]선택합니다.

3. "제품관리" 폼 결과 화면을 확인하고 [폼 닫기]합니다.

   ※ 필드를 이동 할 때 각 각의 필드를 더블클릭해서 이동하거나 "》》, 》 《《, 《" [단추]를 이용해서 이동 가능합니다.

작업 2

1. [만들기]–[폼]–[새 폼]명령 선택합니다.

2. [필드 목록]작업창 "사용가능한 테이블 표시"에서 "판매현황" 테이블 선택합니다.

3. "판매현황" 테이블 "ID" 필드를 제외한 각각의 필드를 더블클릭해서 폼으로 이동합니다

4. 필드를 더블클릭해서 폼으로 이동하면 "레이블 텍스트상자" 형식으로 생성됩니다.

5. "폼1" 폼 이름선택 [마우스 오른쪽 버튼]–[저장]명령 선택하고 "폼 이름: 판매현황" 입력 [확인]선택합니다.

6. 폼 결과 화면을 확인하고 폼 [닫기]합니다.

   ※[필드 목록]창이 화면에 표시되지 않을 때 [폼 레이아웃 도구]–[디자인]–[도구]–[기존 필드 추가]명령 선택합니다.
   ※ 폼의 레이블 컨트롤은 "필드 이름/제목" 을 표시하는 기능입니다.
   ※ 폼의 텍스트 상자 컨트롤은 "필드 값, 수식이나 함수식의 결과값" 을 표시하는 기능입니다.

작업 3

1. [만들기]–[폼]–[폼 디자인 보기]명령 선택합니다.

2. [필드 목록]작업창에서 "학부모" 테이블 선택하고 테이블을 구성하는 모든 필드를 더블클릭해서 폼으로 이동합니다.

3. 필드를 더블클릭해서 폼으로 이동하면 "레이블 텍스트상자" 형식으로 생성됩니다.

4. "폼1" 폼 이름선택 [마우스 오른쪽 버튼]–[저장]명령 선택하고 "폼 이름: 학부모" 입력 [확인]선택 합니다.

5. 폼 결과 화면을 확인하고 폼 [닫기]합니다.

   ※ 폼의 레이블 컨트롤은 "필드 이름/제목" 을 표시하는 기능입니다.
   ※ 폼의 텍스트 상자 컨트롤은 "필드 값, 수식이나 함수식의 결과값" 을 표시하는 기능입니다.

작업 4

1. [만들기]–[서식파일]–[응용 프로그램 요소]–[빈 폼]–[세부 정보]명령 선택합니다.

2. [탐색창]–[폼 개체]에 "세부정보" 폼이 생성된 것을 확인 합니다.

실전 적응 모의고사 4회 – 작업 과정 해설

작업 5

1. [탐색창]–[폼] "학부모" 폼 [마우스 오른쪽 버튼]–[디자인 보기]명령 선택합니다. [폼 디자인 도구]–[디자인]–[컨트롤]에서 "텍스트 상자" 컨트롤 선택하고 폼 "주소" 필드 아래에 적당한 크기로 드래그해서 생성합니다. [텍스트 상자 마법사]는 [닫기]합니다.

2. 폼에 생성된 텍스트 상자의 왼쪽 컨트롤(레이블) 선택 [속성 시트]–[캡션]항목에 "거주지주소" 입력 합니다.

3. 폼에 생성된 텍스트 상자("언바운드" 표시) 선택 [속성 시트]–[컨트롤 원본]항목에 "="서울특별시" & " " & [주소]"입력 합니다.

4. "학부모"폼 이름 선택 [마우스 오른쪽 버튼]–[폼 보기]명령 선택 결과를 확인합니다.

5. [저장]–[닫기]합니다.

    ※ & 연산자: 주어진 자료(숫자, 문자, 필드)를 연결해서 표시합니다.
    ※ 텍스트상자에 표시할 값은 [속성 시트]–[컨트롤 원본]항목에서 지정합니다.
    ※ 레이블 컨트롤의 제목(이름)을 표시하는 기능입니다.
    ※ 텍스트 상자가 "언바운드"로 표시되면 표시될 값이 결정이 안된 상태입니다.

작업 6

1. [탐색창]–[폼] "학부모" 폼 선택 [마우스 오른쪽 버튼]–[디자인 보기]명령 선택합니다. 폼의 "주소" 필드를 표시하는 텍스트 상자 선택 키보드 "Delete" 키로 삭제합니다.

작업 7

1. [탐색창]–[폼] "학부모정보" 폼 [마우스 오른쪽 버튼]–[디자인 보기]명령 선택합니다.

2. 폼의 왼쪽에 위치하는 모든 레이블 선택 [폼 디자인 도구]–[정렬]–[크기 및 순서 지정]–[크기/공간]–[가장 넓은 너비에 맞게]선택하고, [폼 디자인 도구]–[정렬]–[크기 및 순서 지정]–[맞춤]–[왼쪽]선택 합니다.

3. 폼의 오른쪽에 위치하는 모든 텍스트 상자 선택 [폼 디자인 도구]–[정렬]–[크기 및 순서 지정]–[크기/공간]–[가장 넓은 너비에, 가장 긴 길이에]명령 작업 순서대로 선택하고, [폼 디자인 도구]–[정렬]–[크기 및 순서 지정]–[맞춤]–[오른쪽]선택 합니다.

4. 폼의 모든 컨트롤 선택 [폼 디자인 도구]–[정렬]–[크기 및 순서 지정]–[크기/공간]–[세로 간격 동일하게]명령 선택합니다.

    ※ 여러 개의 컨트롤 선택 방법
        1. "Shift" 키를 누른 상태에서 작업 대상 컨트롤 선택
        2. 드래그해서 작업 대상 컨트롤 선택

작업 8

1. [탐색창]–[폼] "판매현황" 폼 [마우스 오른쪽 버튼]–[디자인 보기 또는 레이아웃 보기]명령 선택합니다.

2. [필드 목록]작업창에서 "제품목록" 테이블 선택하고 확장합니다.

3. "출시년도" 필드를 폼 "판매일자" 필드 아래로 드래그해서 이동하고, "메모리용량" 필드를 드래그해서 이동합니다.

※ "새 폼(레이아웃)" 방식으로 폼(표 형식)에 필드를 추가할 때는 "레이블 보기, 디자인 보기" 상태에서 모두 작업 가능합니다.
※ 추가할 필드를 드래그해서 이동할 때 위치를 정확히 지정합니다.

작업 9

1. [탐색창]–[폼] "판매현황" 선택 [마우스 오른쪽 버튼]–[디자인 보기]명령 선택합니다.

2. 폼의 모든 레이블 컨트롤(왼쪽 위치) 선택 [속성 시트]–[배경색]에 "교차행", [속성 시트]–[텍스트 맞춤]에 "가운데" 적용합니다.

3. 폼의 모든 텍스트 상자(오른쪽 위치) 선택 [속성 시트]–[텍스트 맞춤]에 "가운데", [속성 시트]–[특수 효과]에 "볼록" 적용합니다.

※ 컨트롤 속성을 지정할 때는 [속성 시트]작업창이 필요합니다. 화면에 표시되지 않을 때 [폼 디자인 도구]–[도구]–[속성 시트]선택 합니다.
※ 컨트롤 속성을 지정할 때는 작업 대상 컨트롤을 정확히 선택하고 [속성 시트]에서 지정합니다.

작업 10

1. [만들기]–[폼]–[폼 디자인]명령 선택합니다. [필드 목록]작업창에서 "제품목록" 테이블 "제품코드, 제품명" 필드 더블클릭해서 폼으로 이동합니다.

2. [폼 디자인 도구]–[디자인]–[컨트롤]–[하위 폼/하위 보고서]선택 폼 아래에 적당한 크기로 드래그 생성합니다.

3. [하위 폼 마법사 1단계] "기존 폼: 판매현황" 선택 합니다.

4. [하위 폼 마법사 2단계] "상위/하위 폼 연결 필드: 제품코드" 선택 합니다.

5. [하위 폼 마법사 3단계] "하위 폼 이름: 판매현황" 입력 합니다.

6. 삽입된 하위 폼(왼쪽 상단) 선택 [속성시트]–[기본보기]–[단일 폼]선택 합니다.

7. [폼1]폼 이름 선택 [마우스 오른쪽 버튼]–[저장] "폼 이름: 제품판매하위" 입력 [확인]선택 합니다.

※ 하위 폼을 작성할 때는 상위 폼을 작성하고 컨트롤에서 "하위폼/하위보고서" 선택해서 삽입해야 합니다.

작업 11

1. [탐색창]–[폼] "학부모정보" 선택 [마우스 오른쪽 버튼]–[디자인 보기]명령 선택합니다.

2. 폼 선택 [속성 시트]–[레코드 원본]에 "학부모" 테이블 지정 합니다.

※ 폼/보고서를 전체를 선택할 때는 폼/보고서의 왼쪽상단 대각선 위치를 선택합니다.

작업 12

1. [탐색창]–[폼] "학생" 선택 [마우스 오른쪽 버튼]–[디자인 보기]명령 선택합니다.

2. 폼의 모든 컨트롤 선택 [폼 디자인 도구]–[위치]–[여백 조정]–[좁게], [폼 디자인 도구]–[위치]–[기준 위치 지정]–[오른쪽 위]선택 합니다.

3. 폼 저장 후 [닫기]합니다.

※ 모든 컨트롤 선택
1. "Shift" 키 누른 상태에서 선택
2. 폼에서 드래그해서 선택
3. 단축키 "Ctrl+A"로 선택

작업 13

1. [탐색창]–[폼] "학생" 선택 [마우스 오른쪽 버튼]–[디자인 보기]명령 선택합니다.

2. [본문]영역 선택 [마우스 오른쪽 버튼]–[탭 순서]명령 선택합니다.

3. [탭 순서] 대화상자에서 "자동 순서" 지정하고 [확인]선택 합니다.

4. 폼 저장 후 [닫기]합니다.

※ 탭 순서를 지정할 때 필드 선택기에서 드래그해서 지정 가능합니다.

작업 14

1. [탐색창]–[폼]–"제품판매하위" 폼 선택 [파일]–[인쇄]–[인쇄 미리보기]명령 선택합니다.

2. [인쇄 미리보기]–[페이지 크기]그룹에서 "여백: 넓게, 데이터만 인쇄" 지정 합니다.

3. [인쇄 미리보기]–[페이지 레이아웃]그룹에서 "가로방향, 열: 2" 지정 합니다.

4. [인쇄 미리보기]–[인쇄]–[인쇄]명령 선택 "복사본: 3" 부 지정합니다.

작업 15

1. [탐색창]–[폼] "학부모" 폼 선택 [폼 도구 디자인]–[디자인]–[테마] "테마: 슬라이스" 선택 합니다.

2. [폼 도구 디자인]–[디자인]–[테마] "테마 색: 노랑" 지정합니다.

3. 폼 저장 후 [닫기] 합니다.

작업 16

1. [탐색창]–[폼]–"제품관리" 선택 [마우스 오른쪽 버튼]–[디자인 보기]명령 선택합니다.

2. 폼 머리글 영역 레이블 선택 "제조사별 제품관리"로 수정합니다.

3. [폼 디자인 도구]–[디자인]–[머리글/바닥글]–[날짜 및 시간]명령 선택합니다. [날짜 및 시간]대화상자에서 "날짜 포함" 만 선택 [확인]선택 합니다.

1. [탐색창]–[폼]–"학부모" 선택 [마우스 오른쪽 버튼]–[디자인 보기]명령 선택합니다.

2. [폼 디자인 도구]–[서식]–[배경]–[배경 이미지]명령 선택하고 문제에서 제시된 경로에서 "배경.png" 파일 선택합니다.

3. 폼 선택 [속성 시트]–[그림 크기 조정 모드]–[전체 확대/축소]선택 합니다.

4. 폼 저장 후 [닫기]합니다.

보고서 작성

보고서란 데이터베이스를 구성하는 테이블이나 쿼리의 내용을 인쇄하기 위한 인쇄 양식입니다. 데이터베이스를 일관성있는 양식으로 인쇄하기 위한 보고서를 만드는 다양한 명령과 사용자가 필요로 하는 요약값이 표시되도록 보고서를 수정하는데 필요한 명령에 대해 살펴보고, 보고서를 구성하는 컨트롤에 속성을 지정하는 방법과 보고서 인쇄 옵션 설정 방법에 대해 살펴보도록 합니다.

| Section 1 | 보고서 만들기
| Section 2 | 보고서 컨트롤 설정
| Section 3 | 보고서 형식

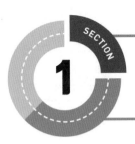

보고서 만들기

예 제 파 일   보고서.accdb
핵심 키워드   보고서 마법사, 새 보고서, 보고서 디자인

❶ **보고서 마법사**: 사용자가 간편하게 보고서를 만들 수 있도록 합니다.

❷ **새 보고서**: 필드 목록창을 이용해서 필드와 컨트롤을 삽입하고 디자인 작업을 통해 보고서를 작성 할 수 있도록 합니다.

❸ **보고서 디자인**: 디자인 보기에서 컨트롤 삽입 및 속성 지정 같은 고급 디자인 작업으로 보고서를 작성합니다.

작업 1 "보고서.accdb" 데이터베이스 파일의 보고서 마법사를 이용해서 "판매처" 테이블의 모든 필드를 포함하는 보고서를 작성합니다. 이 보고서는 "판매처등급" 필드 기준으로 그룹화하고, "판매처명" 필드 오름차순, "미수금" 필드 내림차순으로 정렬합니다. 용지 방향은 가로 방향으로 지정하고, 나머지 선택사항은 기본값으로 하고 "판매처등급출력"으로 저장합니다.

해결

1. [만들기]–[보고서]–[보고서 마법사]명령 선택합니다.

2. [마법사 1단계] "판매처" 테이블 모든 필드 선택합니다.

3. [마법사 2단계] 그룹화 기준필드 "판매처등급" 필드 선택합니다.

4. [마법사 3단계] 정렬 기준 필드 및 정렬 방법 "판매처명(오름차순), 미수금(내림차순)"을 지정합니다.

5. [마법사 4단계] 용지 방향 가로로 설정합니다.

6. [마법사 5단계] "판매처등급출력" 보고서 이름으로 저장합니다.

7. 결과 확인 후 [저장]–[닫기]합니다.

   ※ 보고서를 작성할 때 는 그룹화 기준 필드, 정렬 기준 필드 등을 판단하는 것이 중요합니다.
   ※ 보고서의 결과를 확인 할 때는 "인쇄 미리 보기"를 사용해서 작업 결과를 확인합니다.

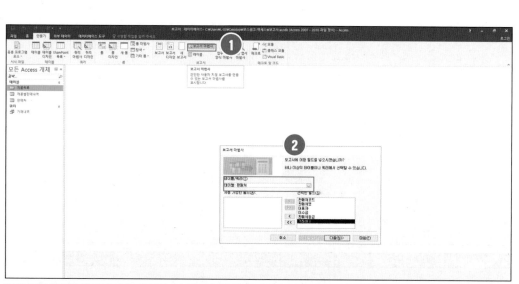

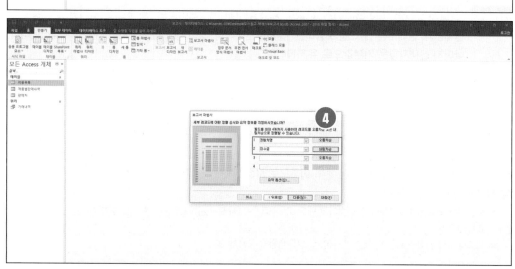

"보고서.accdb" 데이터베이스 파일의 "제품별판매내역" 테이블의 "판매일자, 지점코드, 제품코드, 판매단가, 판매수량" 필드를 포함하는 "일자별판매내역" 보고서를 새 보고서를 사용하여 작성합니다. 나머지 선택사항은 기본값으로 유지합니다.

해결

1. [만들기]-[보고서]-[새 보고서]명령 선택합니다.

2. [필드 목록]창 "제품별판매역" 테이블 "판매일자, 지점코드, 제품코드, 판매단가, 판매수량" 필드를 더블클릭해서 보고서 영역으로 이동합니다.

3. [보고서 저장]대화상자 "일자별판매내역" 이름으로 저장합니다.

4. 결과 확인 후 [저장]-[닫기]합니다.

※ 보고서 디자인 보기에서 "필드 목록"창이 표시 안되는 경우 [보고서 도구]-[디자인]-[기존 필드 추가]명령을 선택하면 화면에 표시됩니다.

※ 보고서 작업 결과를 확인 할 때는 "인쇄미리보기" 명령을 사용합니다.

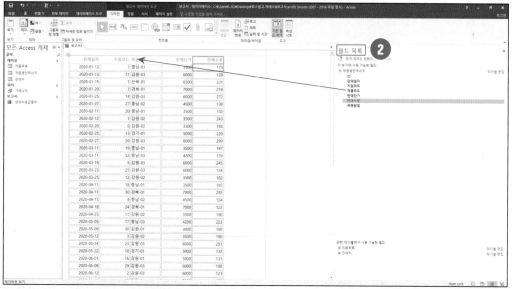

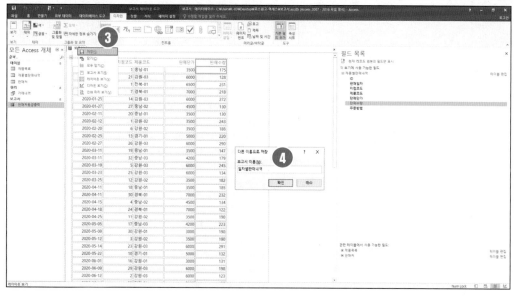

작업 3 "보고서.accdb" 데이터베이스 파일의 보고서 디자인 보기에서 "제품목록" 테이블의 모든 필드를 포함하는 "제품명출력" 보고서를 작성합니다.

해결

1. [만들기]–[보고서]–[보고서 디자인]명령 선택합니다.

2. [필드 목록]창에서 "제품목록" 테이블 선택 각각의 필드명을 더블클릭해서 보고서 영역으로 이동합니다.

3. "제품명출력" 보고서 이름으로 저장합니다.

4. 결과 확인 후 [저장]–[닫기]합니다.

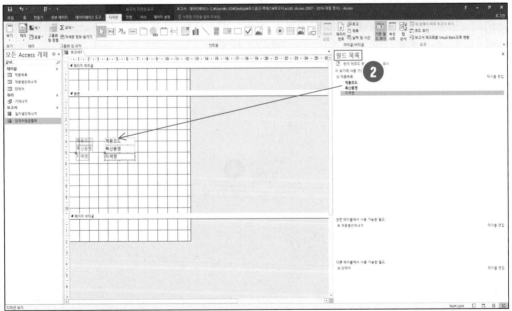

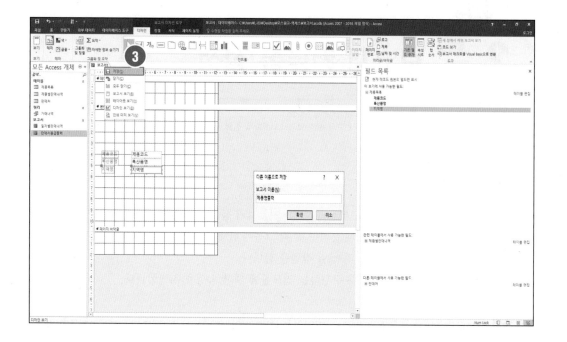

① 보고사 마법사 이용해서 보고서를 작성할 때 각 단계별 설정 내용과 방법을 정확히 학습합니다.

② 새 보고서 필드 목록창을 이용해서 보고서를 작성하는 작업 과정을 정확히 학습합니다.

③ 보고서 디자인을 이용해서 보고서를 작성할 때 컨트롤을 배치하고, 크기 및 속성을 지정하는 작업 과정을 정확히 학습합니다.

보고서 컨트롤 설정

SECTION 2

📍 예 제 파 일   보고서속성.accdb
핵심 키워드   보고서 속성, 보고서 그룹화 및 정렬, 컨트롤 생성 및 속성 지정

❶ **보고서 속성**: 보고서 레코드 원본, 테두리 속성, 기본보기 등 보고서전체 속성을 지정합니다.

❷ **보고서 그룹화 및 정렬**: 보고서를 쉽게 분석하고, 각 그룹에 합계, 개수 등의 집계함수를 사용할 수 있도록 특정 필드를 기준으로 그룹화 및 정렬 작업을 합니다.

❸ **컨트롤 생성 및 속성 지정**: 보고서를 구성하는 컨트롤에 대한 속성을 지정합니다.

작업 1 "보고서속성.accdb" 데이터베이스 파일의 "일자별판매내역" 보고서에 레코드 원본을 "제품별판매내역" 테이블로, 테두리 스타일은 "없음" 속성으로 지정합니다.

💡**해결**

1. [탐색창]–[보고서] "일자별판매내역" [마우스 오른쪽 버튼]–[디자인 보기]명령 선택합니다.

2. 보고서 전체 선택 [속성 시트]–[레코드 원본] "제품별판매내역" 테이블 선택합니다.

3. 보고서 전체 선택 [속성 시트]–[테두리 스타일] "없음" 선택합니다.

4. 결과 확인 후 [저장]–[닫기]합니다.

   ※ 보고서 속성, 컨트롤 속성을 지정할 때는 보고서 디자인 보기 상태에서 작업해야 합니다.
   ※ 보고서 속성을 지정할 때는 보고서 전체(왼쪽 상단)를 선택해야 합니다.
   ※ 속성 시트를 사용할 때 "항목" 별, 또는 "모두" 보기 상태가 있습니다.

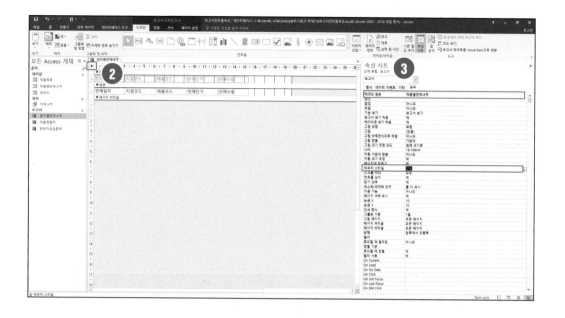

"보고서속성.accdb" 데이터베이스 파일의 "일자별판매내역" 보고서를 "제품코드" 필드를 기준으로
그룹화, "판매수량" 필드를 기준으로 내림차순으로 정렬합니다. 페이지 머리글 영역 모든 컨트롤을
제품코드 머리글 영역으로 이동합니다. 변경사항은 저장합니다.

🔔 해결

1. [탐색창]–[보고서] "일자별판매내역보고서" [마우스 오른쪽 버튼]–[디자인 보기]명령 선택합니다.

2. [보고서 디자인 도구]–[디자인]–[그룹화 및 요약]–[그룹화 및 정렬]명령 선택합니다.

3. [그룹, 정렬 및 요약]–[그룹 추가]명령 "제품코드" 필드 지정합니다.

4. [그룹, 정렬 및 요약]–[정렬 추가]명령 "판매수량" 필드 내림차순 지정합니다.

5. "페이지 머리글" 영역 모든 컨트롤 선택 [마우스 오른쪽 버튼]–[잘라내기]명령 선택합니다.

6. "제품코드 머리글" 영역 선택 [마우스 오른쪽 버튼]–[붙여넣기]명령 선택합니다.

7. 결과 확인 후 [저장]–[닫기]합니다.

　※ 여러 컨트롤 선택 방법

　　1. Shift키를 누른 상태로 작업 대상 선택

　　2. 폼 빈곳 마우스 드래그 사각형 영역으로 컨트롤 선택

　　3. 폼과 눈금 경계선 클릭에서 선택

　※ 컨트롤을 이동할 때는 선택된 컨트롤의 경계선에서 마우스로 드래그 하거나, 키보드 방향키를 사용해서 이동 가능합니다.

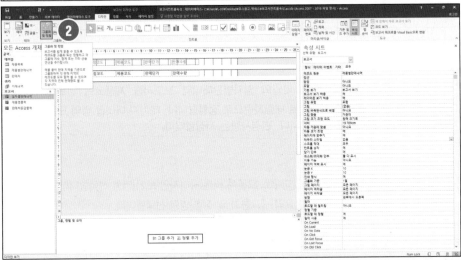

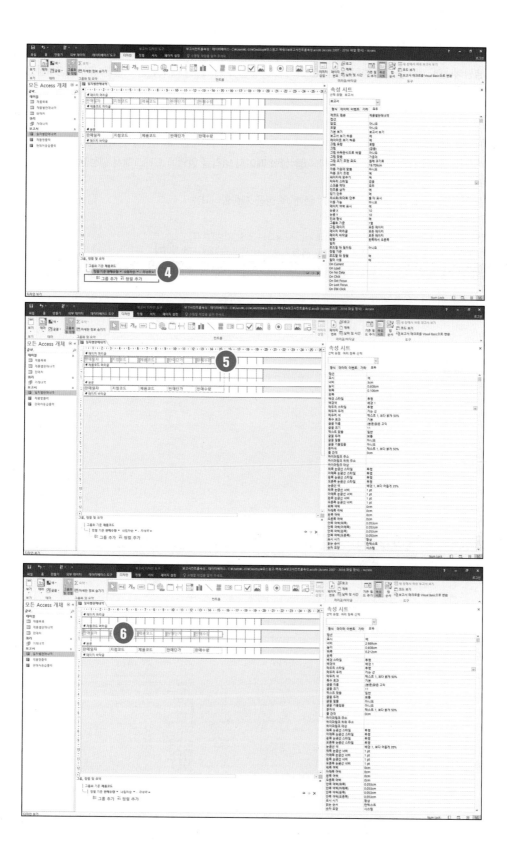

작업 3 "보고서속성.accdb" 데이터베이스 파일의 "일자별판매내역" 보고서 페이지 머리글 영역에 "제품코드별판매내역" 레이블을 추가하고, "글꼴 크기: 25, 글꼴 두께: 굵게"의 속성을 지정합니다. 변경사항은 저장합니다.

해결

1. [탐색창]-[보고서] "일자별판매내역" 보고서 [마우스 오른쪽 버튼]-[디자인 보기]명령 선택합니다.

2. [보고서 디자인 도구]-[디자인]-[컨트롤]-[레이블]선택 페이지 머리글 영역에 드래그해서 생성합니다.

3. 생성된 레이블에 내용 입력합니다.

4. [속성 시트]창 "글꼴 크기: 25", "글꼴 두께: 굵게" 속성을 지정합니다.

5. 결과 확인 후 [저장]-[닫기]합니다.

　※ 디자인 보기에서 본문, 머리글, 바닥글영역의 크기는 드래그로 조절 가능합니다.

　※ 디자인 보기에서 컨트롤을 드래그해서 생성하고 속성 시트에서 세부 속성을 지정합니다.

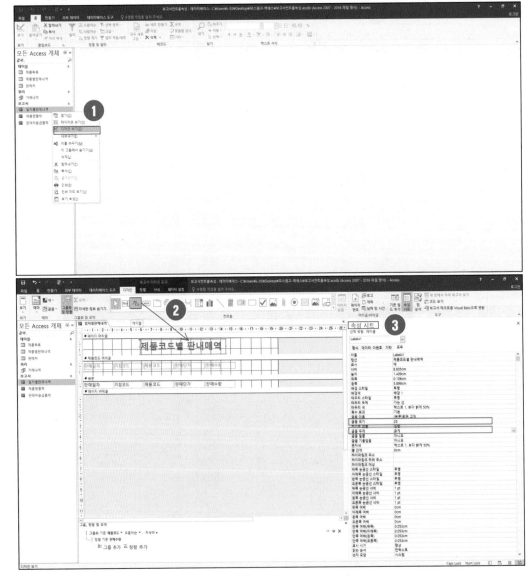

작업 4 "보고서속성.accdb" 데이터베이스 파일의 "일자별판매내역" 보고서 바닥글 가운데 영역에 "N/M 페이지" 형식 페이지 번호를 추가합니다. 변경사항은 저장합니다.

💡해결

1. [탐색창]–[보고서] "일자별판매내역" 보고서 [마우스 오른쪽 버튼]–[디자인 보기]명령 선택합니다.

2. [보고서 디자인 도구]–[디자인]–[머리글/바닥글]–[페이지 번호]명령 선택합니다.

3. 결과 확인 후 [저장]–[닫기]합니다.

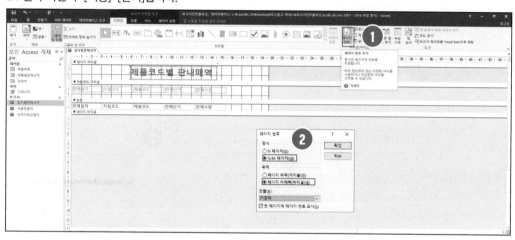

작업 5 "보고서속성.accdb" 데이터베이스 파일의 "일자별판매내역" 보고서 본문 구역의 "판매단가" 필드에 "형식: 표준, 소수 자릿수: 0" 필드 속성을 지정합니다. 변경사항은 저장합니다.

💡해결

1. [탐색창]–[보고서] "일자별판매내역" 보고서 [마우스 오른쪽 버튼]–[디자인 보기]명령 선택합니다.

2. 본문 영역 "판매단가" 필드 선택 [속성 시트]창 "형식: 표준, 소수 자릿수: 0"으로 지정합니다.

    ※ 컨트롤의 속성 지정할 때는 해당 컨트롤을 선택하고 속성 시트에서 지정합니다.
    ※ 컨트롤의 속성을 지정하는 작업은 디자인보기 상태에서 합니다.

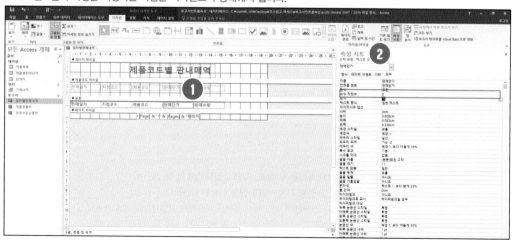

작업 6 "보고서속성.accdb" 데이터베이스 파일의 "일자별판매내역" 보고서 본문 구역 "판매수량" 컨트롤이 잘못된 데이터 원본과 연결되어 있습니다. 컨트롤 원본을 "판매수량" 필드로 수정합니다.

해결

1. [탐색창]–[보고서] "일자별판매내역" 보고서 [마우스 오른쪽 버튼]–[디자인 보기]명령 선택합니다.
2. 본문 구역 "판매수량" 컨트롤 선택 [속성 시트]–[컨트롤 원본] "판매수량" 선택 지정합니다.
3. 결과 확인 후 [저장]–[닫기]합니다.

   ※ 텍스트 상자 컨트롤에서 표시할 값은 [속성 시트]–[컨트롤 원본]항목에서 지정하며 다음과 같은 값을 지정 할 수 있습니다.
   1. 특정 필드 또는 2개 이상의 필드를 지정합니다.
   2. 수식 또는 함수식을 지정합니다.

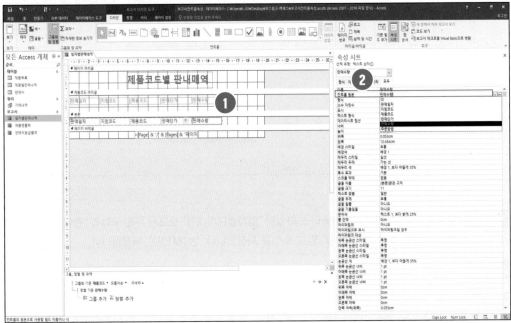

만점합격 Tip

① 보고서 디자인 보기에서 보고서 전체에 대한 속성을 지정하는 작업 과정을 정확히 학습합니다.
② 보고서 디자인 보기에서 보고서의 그룹화 및 정렬 지정 작업 과정을 정확히 학습합니다.
③ 보고서 디자인 보기에서 보고서를 구성하는 컨트롤에 여러 가지 속성을 지정하는 작업 과정을 정확히 학습합니다.
④ 보고서 디자인 보기에서 보고서에 머리글/바닥글 표시 작업 및 컨트롤 배치 작업 과정을 정확히 학습합니다.

보고서 형식

● 예 제 파 일   보고서형식.accdb
핵심 키워드   보고서 서식 지정, 인쇄 옵션 설정, 컨트롤 속성

❶ **보고서 서식 지정**: 보고서 여백, 방향, 머리글/바닥글을 지정하는 작업을 합니다.

❷ **컨트롤 속성**: 보고서를 구성하는 컨트롤의 속성을 지정합니다.

❸ **인쇄 옵션**: 인쇄 작업에 필요한 옵션을 지정하는 작업을 합니다.

작업 1 "보고서형식.accdb" 데이터베이스 파일의 "일자별판매내역" 보고서에 용지 방향 "가로", 여백 "좁게" 속성을 지정합니다.

해결

1. [탐색창]–[보고서] "일자별판매내역" 보고서 [마우스 오른쪽 버튼]–[디자인 보기]명령 선택합니다.

2. [보고서 디자인 도구]–[페이지 설정]–[페이지 레이아웃]–[가로]명령 선택합니다.

3. [보고서 디자인 도구]–[페이지 설정]–[페이지 크기]–[여백]–[좁게]명령 선택합니다.

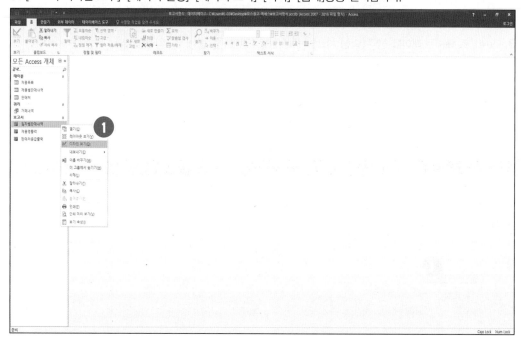

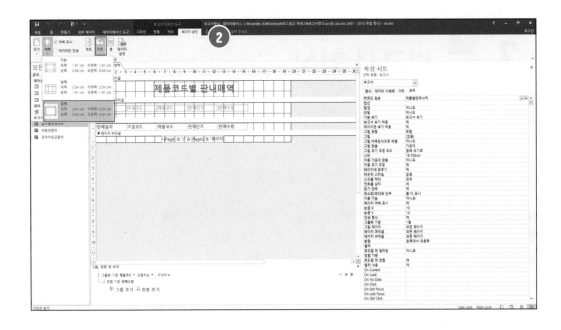

작업 2 "보고서형식.accdb" 데이터베이스 파일의 "일자별판매내역" 보고서 제품코드 바닥글 오른쪽 영역에 "판매수량 합계 : " 레이블과 "판매수량" 필드의 합계를 계산하는 텍스트 상자를 추가합니다.

해결

1. [탐색창]-[보고서] "일자별판매내역" 보고서 [마우스 오른쪽 버튼]-[디자인 보기]명령 선택합니다.

2. [보고서 디자인 도구]-[컨트롤]-[텍스트 상자]선택 [제품코드]바닥글 구역에 드래그 생성합니다.

3. "text1"로 표시된 레이블 선택 [속성 시트]-[캡션]항목 "판매수량 합계 : " 입력합니다.

4. "언바운드"로 표시된 텍스트 상자 선택 [속성 시트]-[컨트롤 원본]항목에 "=Sum([판매수량])" 입력합니다.

5. 결과 확인 후 [저장]-[닫기]합니다.

   ※ 텍스트상자 컨트롤을 생성하면 레이블과 텍스트상자 2개의 컨트롤이 생성됩니다.

   ※ 함수 =SUM([필드이름]): 주어진 필드의 합계를 계산하는 함수입니다.

   ※ 함수 =AVG([필드이름]): 주어진 필드의 평균를 계산하는 함수입니다.

   ※ 함수 =COUNT(*): 레코드의 개수를 계산하는 함수입니다.

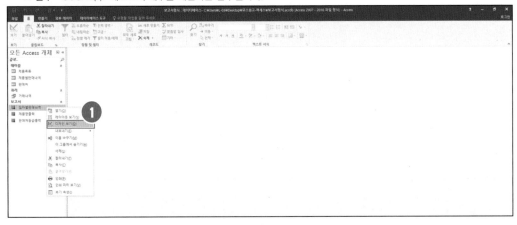

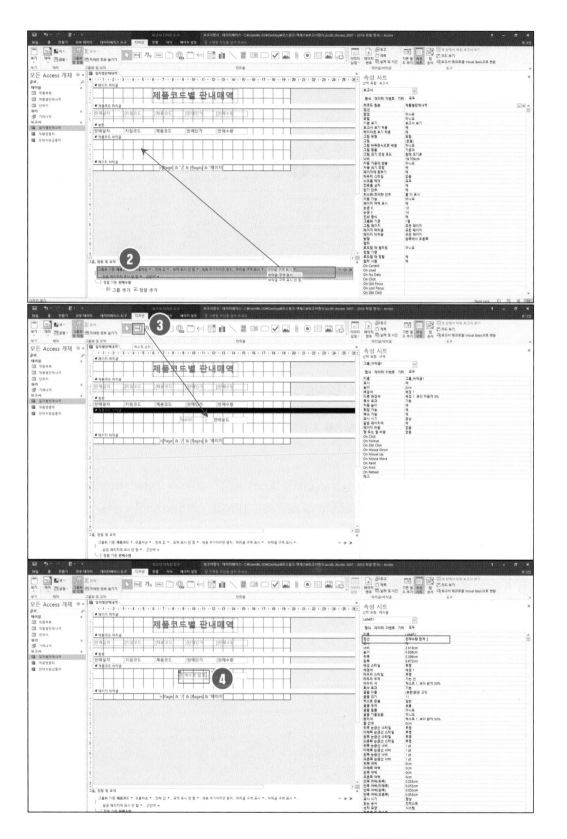

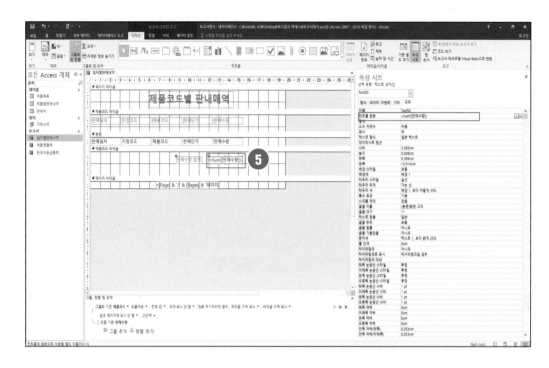

작업 3 "보고서형식.accdb" 데이터베이스 파일의 "일자별판매내역" 보고서의 페이지 머리글 구역에 "제품코드별 판매 수량 합계" 내용의 레이블 컨트롤을 생성하고 글꼴 "궁서체", 크기 20, 글꼴 두께 "굵게", 글꼴 색 "Access 테마 10" 속성을 지정합니다. 변경사항은 저장합니다.

해결

1. [탐색창]–[보고서] "일자별판매내역" 보고서 [마우스 오른쪽 버튼]–[디자인 보기]명령 선택합니다.
2. [보고서 디자인 도구]–[디자인]–[컨트롤]–[레이블]선택 페이지 머리글 구역에 드래그해서 생성하고 내용을 입력합니다.
3. 내용이 입력된 레이블 컨트롤 선택 [속성 시트]창 제시된 속성 항목을 지정합니다.
4. 결과 확인 후 [저장]–[닫기]합니다.

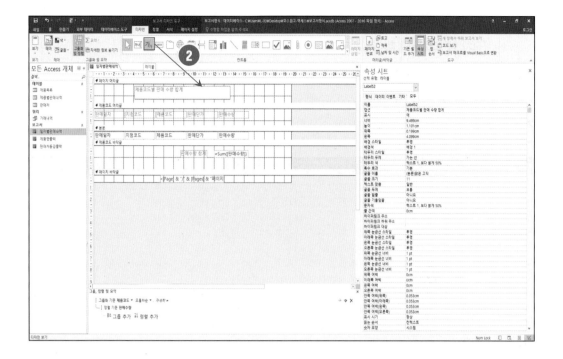

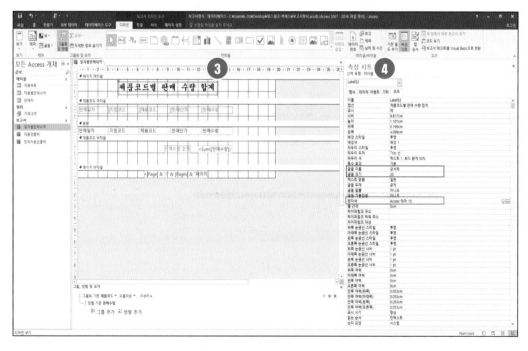

작업 4 "보고서형식.accdb" 데이터베이스 파일의 "제품명출력" 보고서 본문 구역 높이를 2.5Cm, 배경 색 "교차 행"으로 지정합니다.

해결

1. [탐색창]–[보고서] "제품명출력" 보고서 [마우스 오른쪽 버튼]–[디자인 보기]명령 선택합니다.

2. 본문 구역 선택 [속성 시트]창에서 지시된 속성 항목을 지정합니다.

3. 결과 확인 후 [저장]–[닫기]합니다.

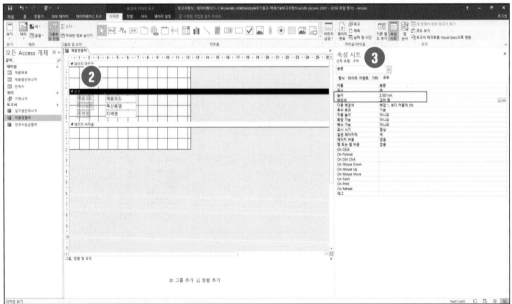

작업 5 "보고서형식.accdb" 데이터베이스 파일의 "제품명출력" 보고서의 열 개수를 2, 열 너비 8Cm, 열 높이 2Cm로 지정합니다. 나머지 선택사항은 기본값을 유지합니다.

해결

1. [탐색창]-[보고서] "제품명출력" 보고서 [마우스 오른쪽 버튼]-[디자인 보기]명령 선택합니다.

2. [보고서 디자인 도구]-[페이지 설정]-[페이지 레이아웃]-[열]명령 선택합니다.

3. [열]대화상자 "열 개수 : 2, 열 너비 : 8, 열 높이 : 2"로 지정합니다.

4. 결과 확인 후 [저장]-[닫기]합니다.

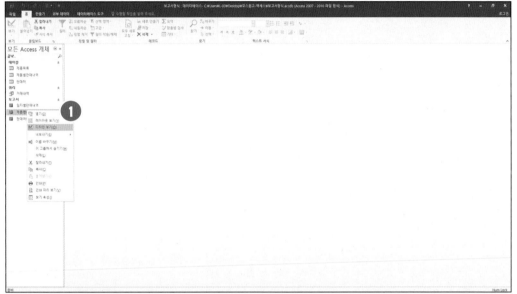

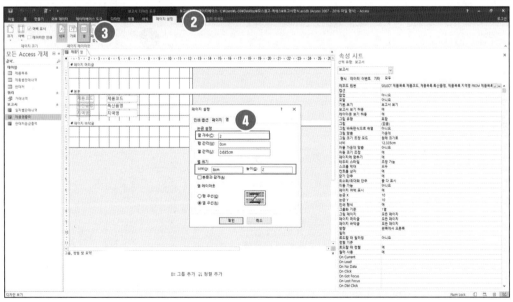

작업 6 "보고서형식.accdb" 데이터베이스 파일의 "제품명출력" 보고서 페이지 바닥글 구역 오른쪽에 "N 페이지" 형식의 페이지 번호를 삽입합니다. 나머지 선택사항은 기본값을 유지하고 저장합니다.

해결

1. [탐색창]–[보고서] "제품명출력" 보고서 [마우스 오른쪽 버튼]–[디자인 보기]명령 선택합니다.

2. [보고서 디자인 도구]–[디자인]–[페이지 번호]명령 선택합니다.

3. [페이지 번호]대화상자에서 문제 지시 사항을 지정합니다.

4. 결과 확인 후 [저장]–[닫기]합니다.

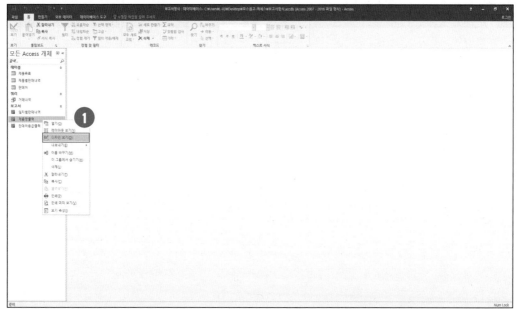

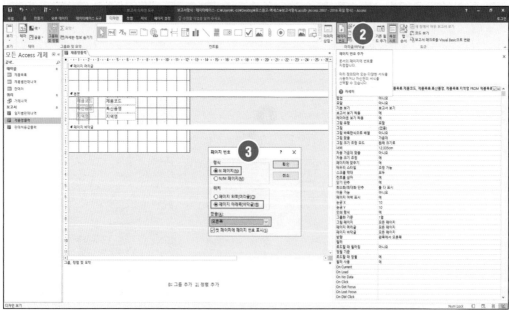

작업 7 "보고서형식.accdb" 데이터베이스 파일의 "제품명출력" 보고서에 "보고서 머리글/바닥글" 구역을
추가하고, 보고서 머리글 영역에 "제목 및 날짜/시간"을 추가합니다.

해결

1. [탐색창]–[보고서] "제품명출력" 보고서 [마우스 오른쪽 버튼]–[디자인 보기]명령 선택합니다.

2. [본문]구역 [마우스 오른쪽 버튼]–[보고서 머리글/바닥글]명령 선택합니다.

3. [보고서 디자인 도구]–[디자인]–[머리글/바닥글]–[제목]명령 선택합니다.

4. [보고서 디자인 도구]–[디자인]–[머리글/바닥글]–[날짜 및 시간]명령 선택합니다.

5. 결과 확인 후 [저장]–[닫기]합니다.

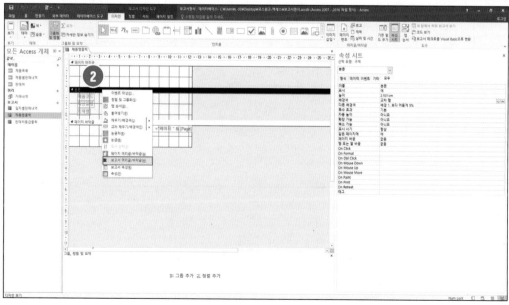

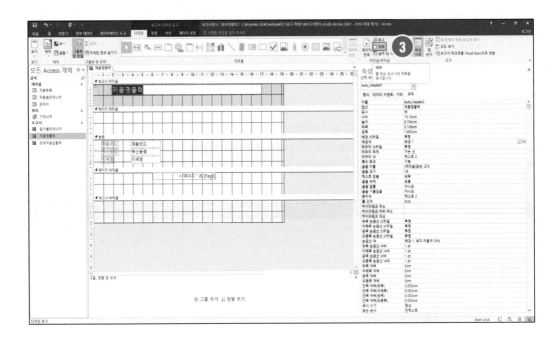

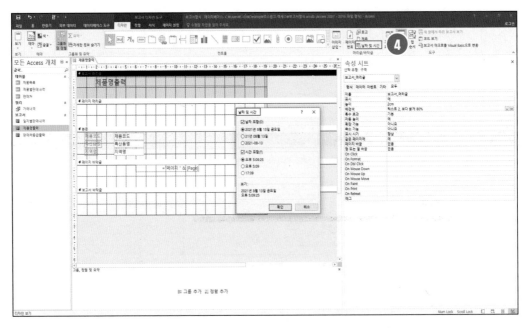

작업 8 "보고서형식.accdb" 데이터베이스 파일의 "판매처등급출력" 보고서 그룹 바닥글 구역에 "미수금" 필드의 평균을 보여주는 요약 행을 그룹 바닥글 영역에 추가합니다.

해결

1. [탐색창]–[보고서] "판매처등급출력" 보고서 [마우스 오른쪽 버튼]–[디자인 보기]명령 선택합니다.

2. [그룹, 정렬 및 요약]–[판매처등급 그룹화 기준]–[요약]명령 선택합니다.

3. "요약기준: 미수금, 형식: 평균, 그룹 바닥글에 소계 표시"를 선택합니다.

4. 결과 확인 후 [저장]–[닫기]합니다.

※ [그룹, 정렬 및 요약]작업창은 [보고서 디자인 도구]–[디자인]–[그룹화 및 요약]–[그룹화 및 정렬]명령을 선택합니다.

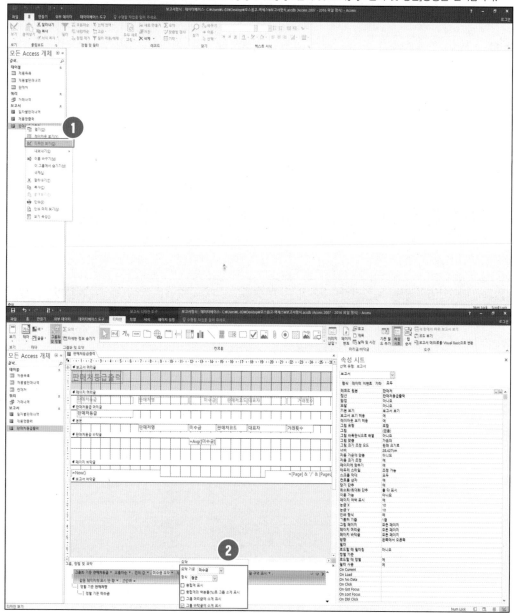

작업 9 "보고서형식.accdb" 데이터베이스 파일의 "판매처등급출력" 보고서 본문 구역 모든 컨트롤 여백을 좁게로 조정합니다.

해결

1. [탐색창]-[보고서] "판매처등급출력" 보고서 [마우스 오른쪽 버튼]-[디자인 보기]명령 선택합니다.

2. [본문]구역 모든 컨트롤 선택 [보고서 디자인 도구]-[정렬]-[위치]-[여백 조정]-[좁게]명령 선택합니다.

3. 결과 확인 후 [저장]-[닫기]합니다.

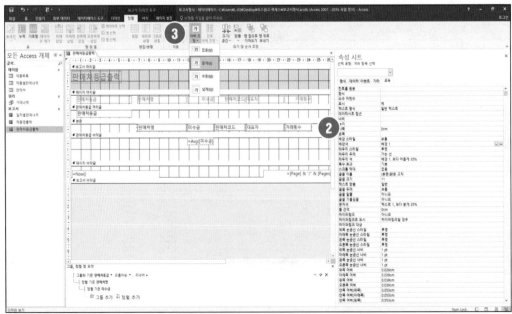

작업 10 "보고서형식.accdb" 데이터베이스 파일의 "판매처등급출력" 보고서 페이지 머리글 구역 모든 컨트롤에 글꼴 두께 "굵게"를 적용하고, 페이지 바닥글 구역 날짜 컨트롤 형식을 "간단한 날짜"로 지정합니다.

해결

1. [탐색창]-[보고서] "판매처등급출력" 보고서 [마우스 오른쪽 버튼]-[디자인 보기]명령 선택합니다.

2. [페이지 머리글]구역 모든 컨트롤 선택 [속성 시트]-[글꼴 두께]-[굵게]명령 선택합니다.

3. [페이지 바닥글]구역 "날짜" 컨트롤 선택 [속성 시트]-[형식]-[간단한 날짜]명령 선택합니다.

4. 결과 확인 후 [저장]-[닫기]합니다.

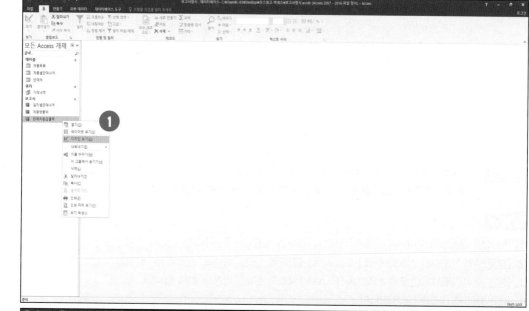

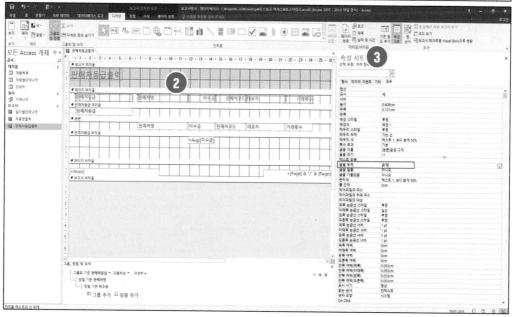

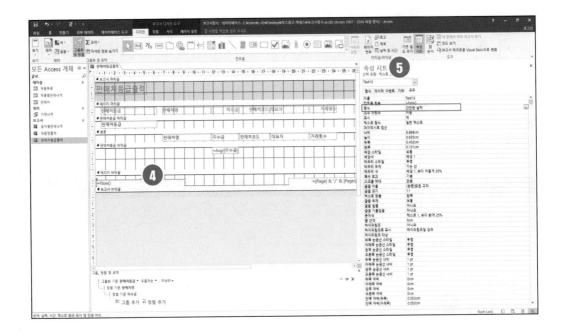

작업 11 "보고서형식.accdb" 데이터베이스 파일의 "판매처등급출력" 보고서 본문 구역의 대표자 이름 뒤에
" 님" 이 같이 표시되도록 컨트롤 속성을 지정하고, 텍스트 맞춤을 가운데로 지정합니다.

💡해결

1. [탐색창]–[보고서] "판매처등급출력" 보고서 [마우스 오른쪽 버튼]–[디자인 보기]명령 선택합니다.

2. [본문]구역 "대표자" 컨트롤 선택 [속성 시트]–[컨트롤 원본] "=[대표자] & " 님""입력합니다.

3. [본문]구역 "대표자" 컨트롤 선택 [속성 시트]–[텍스트 맞춤] "가운데"선택 합니다.

4. 결과 확인 후 [저장]–[닫기]합니다.

※ &연산자: 주어진 자료를 결합해서 표시하는 연산자이고 아래와 같이 사용합니다.

1. =[필드이름] & [필드이름], Ex) =[이름] & " " & [성] ("이름" 필드와 "성" 필드를 중간에 공백으로 연결)

2. =[필드이름] & "문자열", Ex) =[대표자] & "님" ("대표자" 필드와 "님" 문자를 연결)

3. =[필드이름] & 숫자

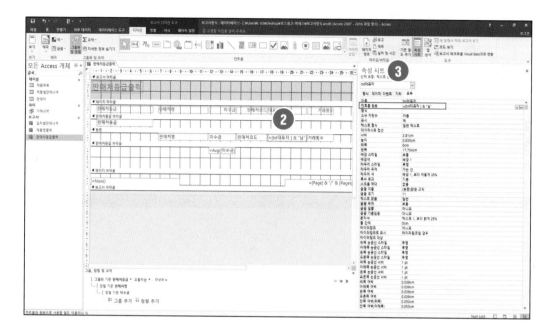

작업 12 "보고서형식.accdb" 데이터베이스 파일의 "판매처등급출력" 보고서 내용을 엑셀 문서 형식으로 내보내기합니다. 파일 형식은 "엑셀 통합 문서 형식", 파일 이름 "판매처등급보고서.xlsx"로 저장하고 내보내기 후 자동으로 실행되도록 지정합니다. 실행된 엑셀문서는 종료합니다.

해결

1. [탐색창]–[보고서] "판매처등급출력" 보고서 선택 [외부 데이터]–[내보내기]–[Excel]명령 선택합니다.

2. [내보내기]대화상자에 "파일 이름: 판매처등급보고서.xlsx, 파일 형식: 통합문서, 내보내기 후 대상 파일 열기 선택" 지정합니다.

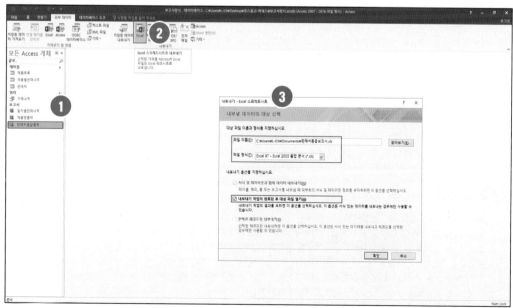

작업 13 "보고서형식.accdb" 데이터베이스 파일의 "판매처등급출력" 보고서 본문 구역의 "판매처명" 필드 값이 "판매처명–판매처등급" 형식으로 표시되도록 수정합니다.

해결

1. [탐색창]–[보고서] "판매처등급출력" 보고서 [마우스 오른쪽 버튼]–[디자인 보기]명령 선택합니다.

2. [본문]구역 "판매처명" 컨트롤 선택 [속성 시트]–[컨트롤 원본]속성 선택합니다.

3. "=[판매처명] & "–" & [판매처등급]"수식 입력합니다.

4. 결과 확인 후 [저장]합니다.

※ 텍스트상자 컨트롤에 2개 이상의 필드를 연결해서 표시할 때는 &연산자를 활용해서 컨트롤 원본을 수식으로 작성해야 합니다.

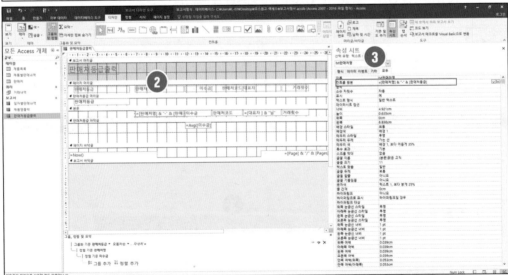

만점합격 Tip

① 보고서 인쇄 옵션 설정 과정을 정확히 학습합니다.
② 보고서 그룹화 요약 행 설정 및 표시 작업 과정을 정확히 학습합니다.
③ 보고서 바닥글에 날짜 및 페이지 번호 표시 방법을 정확히 학습합니다.
④ 보고서를 구성하는 컨트롤에 다양한 속성을 지정하는 작업 과정을 정확히 학습합니다.
⑤ 데이터베이스를 구성하는 테이블/쿼리 등을 내보내기하는 작업 과정을 정확히 학습합니다.
⑥ &연산자를 사용해서 수식을 작성하는 작업 과정을 정확히 학습합니다.

작업 1 보고서 마법사를 이용하여 "제품관리" 테이블의 "A/S영역" 필드를 제외한 모든 내용을 포함하는 "제품인쇄" 보고서를 작성합니다. 이 보고서는 "설치방식" 필드를 기준으로 그룹화하고 "출시년도" 필드 내림차순, "가격" 필드를 오름차순으로 정렬합니다.

작업 2 새 보고서 작성법을 이용하여 "원생관리" 테이블의 모든 필드를 포함하는 "원생출력" 보고서를 작성합니다.

작업 3 보고서 디자인 작성법을 이용하여 "학부모" 테이블 모든 필드를 포함하는 "학부모인쇄" 보고서를 작성합니다.

작업 4 "판매현황인쇄" 보고서 레코드 원본을 "판매현황" 테이블로 지정하고 기본보기 속성을 "인쇄 미리 보기"로 설정합니다.

작업 5 "학부모인쇄" 보고서 페이지 머리글 영역에 "원생학부모관리" 내용의 레이블 컨트롤 생성합니다. 레이블 컨트롤에 "캡션: 원생학부모관리, 배경색: 밝은 텍스트, 글꼴이름: HY견고딕, 글꼴크기: 20, 텍스트 맞춤: 가운데, 문자색: 어두운 텍스트" 속성을 지정합니다. 레이블은 폼의 중앙에 위치하도록 배치합니다.(학부모인쇄 보고서는 작업 3에서 생성한 보고서입니다.)

작업 6 "제품인쇄" 보고서에 "설치방식" 바닥글 영역을 표시합니다. 설치방식 바닥글 영역에 가격의 평균을 계산하는 텍스트상자, 제품코드의 개수를 계산하는 텍스트상자를 생성합니다. 평균 텍스트 상자의 레이블(캡션)은 "평균 가격: "으로, 컨트롤 원본은 가격의 평균을 계산하는 함수식을 작성합니다. 개수 텍스트 상자의 레이블(캡션)은 "제품 개수: "로, 컨트롤 원본은 제품코드의 개수를 계산하는 함수식을 작성합니다. 위치는 본문의 가격, 제품코드 아래쪽에 위치합니다.(제품인쇄 보고서는 작업 1에서 생성한 보고서입니다.)

작업 7 "학부모인쇄" 보고서에 대해 다음의 작업을 작업합니다. 보고서 본문 모든 컨트롤을 본문의 왼쪽상단으로 이동하고, 특수효과 오목을 지정합니다. 본문 영역의 높이를 3Cm로 지정합니다.

작업 8 "판매현황인쇄" 보고서를 "제조사코드" 필드를 그룹화(오름차순)하고 "판매량의 평균"을 계산하는 요약을 그룹 바닥글에 표시합니다. 제조사코드가 변경되면 다음 페이지에 인쇄되도록 설정합니다.

작업 9 "학부모인쇄" 보고서 본문 모든 컨트롤 여백 좁게, 글꼴 굵게를 지정합니다. 페이지 바닥글에 "N/M 페이지" 형식의 페이지 번호가 가운데 표시되도록 합니다.

작업 10 "원생출력" 보고서에 "배경.png" 배경 이미지를 삽입하고, 그림 크기 조정 모드를 "전체 축소/확대"로 지정합니다.(원생출력 보고서는 작업 2에서 생성한 보고서입니다.)

작업 11 "학부모인쇄" 보고서가 용지 방향 가로, 용지 여백 기본, 열 개수 2개로 인쇄되도록 설정합니다.

실전 적용 모의고사 5회 – 작업 과정 해설

작업 1

1. [만들기]–[보고서]–[보고서 마법사]명령 선택합니다.

2. [보고사 마법사 1단계] "제품관리" 테이블 선택하고 "A/S영역" 필드를 제외한 모든 필드를 "선택한 필드"로 이동합니다.

3. [보고사 마법사 2단계] 그룹화 수준 필드 "설치방식"으로 지정 합니다.

4. [보고사 마법사 3단계] 정렬 필드 "출시년도: 내림차순, 가격: 오름차순"으로 지정합니다.

5. 이 외의 선택사항은 기본값을 유지합니다. 보고서 이름에 "제품인쇄" 입력 [확인]선택합니다.

6. "보고서이름: 제품인쇄"로 지정하고, 보고서 결과를 확인하고 [닫기]합니다.

※미리보기 결과에 "####"으로 표시되는 것은 컨트롤의 너비가 좁은 상태입니다. 보고서 디자인보기에서 컨트롤의 너비를 조정하면 정상적으로 표시됩니다.

작업 2

1. [만들기]–[보고서]–[새 보고서]명령 선택합니다.

2. [필드 목록]작업창 "모든 테이블 표시" 선택 후 "원생관리" 테이블을 더블클릭합니다.

3. "원생관리" 테이블 각각의 필드를 더블클릭해서 보고서영역으로 이동합니다.

4. "보고서 이름: 원생출력"으로 지정하고 보고서 결과를 확인하고 [닫기]합니다.

※ [필드 목록]작업창이 표시되지 않으면 [보고서 레이아웃 도구]–[디자인]–[도구]–[기존필드 추가]명령 선택하면 화면에 표시됩니다.

작업 3

1. [만들기]–[보고서]–[보고서 디자인]명령 선택합니다.

2. [필드 목록]작업창 "모든 테이블 표시" 선택 후 "학부모" 테이블을 더블클릭합니다.

3. "학부모" 테이블 각각의 필드를 더블클릭해서 보고서영역으로 이동합니다.

4. "보고서 이름: 학부모인쇄"로 지정하고 보고서 결과를 확인하고 [닫기]합니다.

※ [필드 목록]작업창이 표시되지 않으면 [보고서 디자인 도구]–[디자인]–[도구]–[기존필드 추가]명령 선택하면 화면에 표시됩니다.

작업 4

1. [탐색창]–[보고서] "판매현황인쇄" [마우스 오른쪽 버튼]–[디자인 보기]명령 선택합니다.

2. 보고서 전체를 선택 [속성 시트]–[레코드 원본] "판매현황" 테이블 선택하고, [속성 시트]–[기본 보기] "인쇄 미리보기"선택 합니다.

3. 인쇄 미리 보기로 보고서 결과를 확인하고 보고서 [닫기]합니다.

작업 5

1. [탐색창]–[보고서] "학부모인쇄" [마우스 오른쪽 버튼]–[디자인 보기]명령 선택합니다.

2. [보고서 디자인 도구]–[디자인]–[컨트롤] "레이블" 선택 드래그해서 페이지 머리글 영역에 생성하고 "원생학부모관리" 내용을 입력합니다.

3. 레이블 컨트롤 선택 [속성 시트]에서 지시된 속성 항목에 해당 값을 지정합니다.

4. 인쇄 미리 보기에서 보고서 결과를 확인하고 [닫기]합니다.

작업 6

1. [탐색창]–[보고서] "제품인쇄" 보고서 [마우스 오른쪽 버튼]–[디자인 보기]명령 선택합니다.

2. [보고서 디자인 도구]–[디자인]–[그룹화 및 정렬]–[그룹화 및 정렬]명령 선택합니다. 화면 하단의 [그룹, 정렬 및 요약]–[그룹화 기준: 설치방식]–[자세히]선택하고, "바닥글 구역" 표시 선택합니다. 본문 아래쪽에 "설치방식 바닥글" 영역이 나타납니다.

3. [보고서 디자인 도구]–[디자인]–[컨트롤]에서 "텍스트상자" 선택 "설치방식 바닥글" 영역(본문:가격 위치 참조)에 드래그 생성합니다. 동일하게 텍스트 상자를 추가 생성합니다.(본문: 코드 위치 참조)

4. "설치방식 바닥글" 영역의 텍스트 상자(가격필드 아래쪽) 레이블 선택 [속성 시트]–[캡션]항목에 "가격 평균: " 지정합니다. "가격 평균: " 레이블 옆 텍스트 상자 선택 [속성시트]–[컨트롤 원본]항목에 "=avg([가격])" 수식 입력합니다.

5. "설치방식 바닥글" 영역의 텍스트 상자(코드필드 아래쪽) 레이블 선택 [속성 시트]–[캡션]항목에 "제품 개수: " 지정합니다. "제품 개수: " 레이블 옆 텍스트 상자 선택 [속성시트]–[컨트롤 원본]항목에 "=count(*)" 수식 입력합니다.

    ※ [보고서 디자인 도구]–[디자인]–[그룹화 및 정렬]–[그룹화 및 정렬]명령은 Toggle기능입니다.
    ※ 텍스트상자를 생성할 때 위치는 본문 영역을 참고해서 위치를 판단합니다.
    ※ 텍스트상자를 생성하면 레이블(왼쪽)과 텍스트상자(오른쪽) 2개가 같이 생성됩니다. 각각 선택 후 [속성 시트]에서 속성을 지정합니다.

6. 인쇄 미리 보기에서 결과를 확인하고 보고서를 [닫기]합니다.

작업 7

1. [탐색창]–[보고서] "학부모인쇄" 보고서 [마우스 오른쪽 버튼]–[디자인 보기]명령 선택합니다. 본문 모든 컨트롤 선택 후 드래그에서 본문 영역의 왼쪽 위로 이동합니다.

2. [본문영역]선택 [속성 시트]–[높이]항목에 "3Cm"로 지정 합니다.

5. 인쇄 미리보기에서 결과를 확인하고 [저장]–[닫기]합니다.

작업 8

1. [탐색창]–[보고서] "판매현황인쇄" [마우스 오른쪽 버튼]–[디자인보기]명령 선택합니다.

2. [보고서 디자인 도구]–[그룹화 및 요약]–[그룹화 및 정렬]명령 선택해서 화면 하단에 "그룹, 정렬 및 요약" 대화상자 표시되도록 합니다.

3. [그룹 추가]–[제조사코드]선택 정렬(오름차순) "자세히" 선택 합니다.

4. 요약 표시 "요약기준: 판매량, 형식: 평균, 그룹 바닥글에 소계 표시" 선택 합니다.

5. 제조사 코드 바닥글 선택 [속성 시트]–[페이지 바꿈]에서 "구역 후"를 지정합니다.

6. 인쇄 미리보기에서 결과를 확인하고 [저장]–[닫기]합니다.

실전 적응 모의고사 5회 – 작업 과정 해설

작업 9

1. [탐색창]–[보고서] "학부모인쇄" 보고서 [마우스 오른쪽]–[디자인 보기]명령 선택합니다. 본문 모든 컨트롤 선택 [보고서 디자인 도구]–[정렬]–[위치]–[여백]–[좁게]지정 합니다.

2. [보고서 디자인 도구]–[디자인]–[머리글/바닥글]–[페이지 번호]명령 선택합니다.

3. [페이지 번호]대화상자 "형식: N/M 페이지, 위치: 페이지 바닥글, 맞춤: 가운데" 선택 합니다.

4. 인쇄 미리보기에서 결과를 확인하고 [저장]–[닫기]합니다.

작업 10

1. [탐색창]–[보고서] "원생출력" [마우스 오른쪽 버튼]–[디자인 보기]명령 선택합니다.

2. [보고서 디자인 도구 모음]–[서식]–[배경]–[배경 이미지]명령 선택합니다. 문제에서 제시된 경로 설정 후 "배경.png" 파일 선택합니다.

3. "보고서 전체 선택" [속성 시트]–[그림 크기 조정 모드]에 "전체 확대/축소" 선택 합니다.

4. 인쇄 미리보기에서 결과를 확인하고 [저장]–[닫기]합니다.

작업 11

1. [탐색창]–[보고서] "학부모인쇄" [마우스 오른쪽 버튼]–[인쇄 미리 보기]명령 선택합니다.

2. [인쇄 미리 보기]–[페이지 크기]–[기본]선택 합니다.

3. [인쇄 미리 보기]–[페이지 레이 아웃]–[가로]선택 합니다.

4. [인쇄 미리 보기]–[페이지 레이 아웃]–[열]선택 합니다.

5. [페이지 설정]–[열]대화상자에 "열 개수: 2" 지정 합니다.

6. 결과 확인 후 [저장]–[닫기]합니다.

Microsoft Office Specialist

PART

실전대비
문제풀이

- -

01

기출유형 모의고사

지금까지 학습한 내용을 기초로 기출문제와 출제 예상 문제로 작성된 기출유형 문제를 풀어봅니다. 실제 시험과 동일하게 50분 시험시간을 제한하고 주어진 작업을 해결할 수 있도록 합니다. 문제 풀이 후 해결 과정 해설과 비교하며 감점될 수 있는 기능 및 작업 과정을 정리할 수 있도록 합니다.

SECTION

1

기출유형 모의고사 1회

프로젝트 1

여러분은 신입사원 직무능력 향상을 위한 엑세스 프로그램 활용 능력 교육 자료를 준비하고 있습니다. 주어진 작업 해결 과정 및 결과를 보고서로 제출해야 합니다.

작업 1 "자격검정관리" 테이블 "이름" 필드의 크기를 50으로 업데이트합니다.

작업 2 "제품정보" 테이블의 "제품번호" 필드와 "주문정보" 테이블의 "제품번호" 필드에 일 대 다의 관계를 지정합니다. 이 관계는 "제품정보" 테이블에서는 모든 레코드를 포함하고 "주문정보" 테이블에서는 조인된 필드가 일치하는 레코드만 포함되도록 조인 속성을 설정합니다. 이 외의 모든 선택 사항은 기본값을 유지합니다. 기존 관계는 유지합니다.

작업 3 "학생과목별점수" 쿼리에서 구분이 "대재" 이고 DB와 운영체제 점수가 60점 이상인 자료만 보이도록 쿼리를 업데이트합니다. "구분" 필드는 표시되지 않도록 합니다. 쿼리 실행은 선택사항입니다.

작업 4 "자격검정관리" 테이블 "고사장" 필드가 "강남1시험장" 또는 "강남2시험장" 인 자료만 "강남시험장" 테이블로 저장하는 테이블 만들기 쿼리를 작성합니다. 이 쿼리에는 "이름, 합계, 평균, 비고" 필드를 포함하고, "합계, 평균" 필드를 내림차순으로 표시합니다. "강남시험장결과보기" 쿼리 이름으로 저장합니다. 쿼리를 실행합니다.

프로젝트 2

여러분은 의뢰인에게 요청받은 다양한 형태의 자료를 분석, 요약하는 작업을 진행해야 합니다. 고객들의 요구 사항에 적합한 결과를 도출하고, 분석 과정을 정리해야 합니다.

작업 1 쿼리 마법사를 이용하여 "자격검정관리" 테이블 "고사장" 별 "평균" 필드의 평균을 계산하는 단순요약쿼리를 작성합니다. "고사장평균" 이름으로 쿼리를 저장하고, 평균필드는 표준형식으로, 소수 이하 한자리까지만 표시되도록 지정합니다.

작업 2 "주문정보" 테이블 "수량" 필드에 공백이거나 0이하인지를 검사하는 유효성 검사를 설정합니다. 잘못된 자료가 입력되는 "수량을 확인바랍니다" 오류 메시지가 표시되도록 합니다.

작업 3 "협력업체.accdb" 데이터베이스의 "업체명" 테이블 내용을 테이블로 가져오기합니다. 가져오기 단계는 저장합니다. "업체명" 테이블 이름을 "협력업체명"으로 변경합니다.

작업 4 "이용현황" 쿼리를 고객등급이 "골드" 인 회원만 "사용량", "이용요금" 필드를 모두 내림차순으로 표시하도록 업데이트하고 저장합니다. 쿼리 실행은 선택사항입니다.

작업 5 "제품정보" 테이블을 문서 폴더에 "제품정보.txt" 이름의 텍스트 파일로 내보내기 합니다. 서식 및 레이아웃 정보를 유지하도록 합니다.

프로젝트 3

여러분은 Mos-Master 자격취득을 위한 엑세스-Core 시험에 응시중입니다. 프로젝트의 해결과정 및 결과를 주어진 시간에 전송해야 합니다.

작업1 "학생별시험결과" 폼의 모든 레이블 컨트롤를 가장 넓은 너비에 맞춤하고, "오목" 특수효과를 적용합니다. 변경된 내용을 저장합니다.

작업2 탐색창의 숨겨진 테이블이 표시되도록 합니다. 숨겨진 테이블이 표시되면 "숨김" 속성을 해제 합니다.

작업3 "거래처정보" 테이블 레코드를 "대상지역" 필드 내림차순, "거래처담당자" 필드를 오름차순으로 정렬합니다.

작업4 "거래처정보" 테이블 내용 중 광고수신에 동의한 레코드의 모든 필드를 표시하는 "광고수신동의" 매개변수 쿼리를 작성합니다. 매개변수 메시지는 "광고수신 동의 여부", 매개변수 형식은 "YES/NO" 형식으로 지정합니다. 작성된 쿼리를 실행하고 저장합니다.

작업5 "주문인쇄" 보고서 레코드 원본을 "주문정보" 테이블로 지정합니다. "제품번호" 레이블의 값을 표시하는 컨트롤의 원본이 잘못 연결된 상태입니다. 컨트롤 원본을 "제품번호" 필드로 변경하고 보고서를 저장합니다.

프로젝트 4

여러분은 다양한 영역의 기초 자료 사용해서 향후 업무 추진 일정 및 계획 수립 결정에 필요한 자료의 시각화 작업 및 분석 작업의 정확성 평가 작업을 하고 있습니다.

작업1 "자격검정관리"테이블 "고사장" 필드 내용 중 "시험"을 "고사"로 바꾸기 합니다.

작업2 "고객정보" 테이블 "거래일자" 필드의 입력마스크를 간단한 날짜로 지정하고 반드시 입력하도록 필드 속성을 지정합니다.

작업3 "거래처인쇄" 보고서의 "고객ID" 레이블과 값 컨트롤 모두 삭제합니다.

작업4 현재 데이터베이스 파일을 문서 폴더에 기본값 상태에서 백업합니다.

작업5 "자격검정관리" 테이블 5개 과목 필드에 평균을 계산하는 요약 행을 추가합니다.

프로젝트 5

여러분은 능력개발원 교육생의 데이터베이스 구축 및 관리 능력 수행 평가를 위한 테스트 평가 항목을 점검하고 있습니다. 주어진 작업 수행과정에서 발생할 수 있는 문제점을 파악하고 보고서를 제출해야합니다.

작업 1 "주문정보" 테이블을 이용하여 "주문일" 별, "제품번호" 별 "수량" 필드의 평균를 계산하는 "주문일평균수량" 크로스탭 쿼리를 작성합니다. "주문일" 필드가 8월인 자료만 표시되도록 필터링합니다. 쿼리는 저장하고 실행합니다.

작업 2 "고객정보" 테이블을 사용하여 "지역", "고객등급" 별 평균사용량을 계산하는 "고객등급별사용량평균" 단순 쿼리를 작성합니다. "사용량 평균" 필드의 형식을 표준으로 지정하고, 소수점 이하는 표시하지 않습니다. 쿼리 실행은 선택사항입니다.

작업 3 "제품정보" 테이블을 이용하여 "평균단가계산" 쿼리를 작성합니다. 이 쿼리는 "제품이름, 평균단가" 필드로 구성됩니다. "평균단가" 필드는 "단가/처리단위"를 계산하는 필드를 추가하고, 필드 형식 은 "표준"으로, 소수점 이하는 표시되지 않도록 속성을 지정합니다. 쿼리 저장 후 실행합니다.

작업 4 "주문현황" 쿼리의 "거래처담당자" 필드를 처음으로 이동하고, "대상지역" 필드를 숨기기 합니다. 쿼리를 저장합니다. 쿼리 실행은 선택사항입니다.

작업 5 "거래처정보" 테이블 "전화번호" 필드에 전화번호 입력마스크를 지정합니다. 테이블을 저장합니다.

프로젝트 6

여러분은 엑세스 프로그램에서 사용되는 개체 관리 작업에 필요한 다양한 명령어의 실행과정 및 결과에 대한 분석작업을 하고 있습니다. 오류 발생에 따른 디버깅 작업까지 수행합니다.

작업 1 "자격검정관리" 테이블의 "번호" 필드를 기본키로 지정하고, "고사장" 필드는 "시험장"으로 끝나는 6글자만 입력되도록 유효성 검사를 설정합니다. 테이블을 저장 후 닫기합니다.

작업 2 "자격검정관리" 테이블의 "구분" 필드가 "경력" 인 자료를 삭제하는 "경력삭제" 쿼리를 작성합니다. 쿼리 실행 후 저장합니다.

작업 3 "고객정보" 테이블 "고객등급" 필드에 "신규, 로얄, 일반, 골드" 만 입력되도록 유효성 검사를 설정하고, 유효하지 않은 값이 입력되면 "고객등급 확인바랍니다." 메시지가 표시되도록 합니다. 테이블 저장 후 닫기합니다.

작업 4 "상품정보" 테이블을 위쪽으로, "고객정보" 테이블을 아래쪽으로 구성하는 "세로 탭, 왼쪽" 탐색폼을 작성하고 "고객별상품" 이름으로 저장합니다.

프로젝트 7

여러분은 고객관리를 위한 데이터베이스를 구축하고 있습니다. 데이터베이스의 독립성과 데이터베이스의 안정성을 확보할 수 있는 구조를 설계해야 합니다.

작업 1 "제품정보" 테이블에 "추가상품.csv" 내용을 추가합니다. 첫 행은 열 제목을 포함하고 있습니다.

작업 2 "주문정보" 테이블 "주문일" 필드에 2020년 6월 30이전 이거나 공백인지 검사하는 유효성 검사를 설정합니다.

작업 3 "일자별사용량" 폼 본문의 탭 순서를 자동으로 설정합니다.

작업 4 "검정결과관리" 테이블을 이용하여 SMS수신에 동의한 수험생만 표시하는 "수신동의" 이름의 매개변수 쿼리를 작성합니다. 이 쿼리에는 "이름, 고사장, 평균, 비고" 필드가 포함되며, "결과 수신 동의" 매개변수 메시지를 표시하고 매개변수 데이터 형식 "예/아니오"로 지정합니다. 쿼리를 실행합니다.

기출유형 모의고사 2회

프로젝트 1

여러분은 신입사원 직무능력 향상을 위한 엑세스 프로그램 활용 능력 교육 자료를 준비하고 있습니다. 주어진 작업 해결 과정 및 결과를 보고서로 제출해야 합니다.

··

작업 1 "판매처" 테이블 "판매처코드" 필드를 기본키로 지정합니다.

작업 2 "제품" 테이블에 "지역별 특산물" 설명을 입력합니다.

작업 3 "제품" 테이블 "제품코드"와 "제품별판매내역" 테이블 "제품코드" 필드를 1 : M 관계를 설정합니다. 이 관계는 "제품" 테이블에는 모든 레코드를 포함하고, "제품별판매내역" 테이블에서는 조인된 필드가 일치하는 레코드만 포함의 조인 유형을 지정합니다. 이 외의 선택사항은 기본값을 유지합니다.

작업 4 "제품" 테이블과 "제품별판매내역" 테이블의 "판매일자, 제품코드, 제품명, 제공처, 판매단가, 판매수량" 필드를 포함하는 "일자별판매내역" 쿼리를 작성합니다. 이 쿼리는 "제품명"을 오름차순으로, "판매수량" 필드를 내림차순으로 정렬되어 표시되도록 합니다. 쿼리를 실행합니다.

작업 5 현재 데이터베이스를 압축 및 복구합니다.

프로젝트 2

여러분은 의뢰인에게 요청받은 다양한 형태의 자료를 분석, 요약하는 작업을 진행해야 합니다. 고객들의 요구 사항에 적합한 결과를 도출하고, 분석 과정을 정리해야 합니다.

··

작업 1 "제품목록" 폼의 레코드를 "제품명"을 기준으로 내림차순 정렬합니다.

작업 2 "제품목록" 폼 "제품사진" 레이블 필드의 값 컨트롤에 "탭 정지" 속성을 아니요, "컨트롤 팁 텍스트: 실제 제품은 사진과 다를 수 있습니다." 속성을 지정합니다.

작업 3 "제품별판매내역" 테이블의 "판매일자" 필드는 고정, "지점코드" 필드는 숨기기합니다.

작업 4 "판매내역" 폼 "제품명" 레이블 컨트롤의 텍스트 상자 컨트롤에 "제품명" 필드가 표시되도록 지정합니다.

작업 5 "판매내역" 폼 "판매금액" 레이블 컨트롤의 텍스트 상자 컨트롤에 "판매단가*판매수량" 계산값이 표시되도록 지정합니다.

프로젝트 3

여러분은 Mos-Master 자격취득을 위한 엑세스-Core 시험에 응시중입니다. 프로젝트의 해결과정 및 결과를 주어진 시간에 전송해야 합니다.

작업 1 "제품별판매현황" 보고서의 "제품명" 바닥글 영역 텍스트상자 컨트롤에 판매단가의 평균이 표시되도록 지정합니다.

작업 2 "제품별판매현황" 보고서의 제품명 머리글 영역 텍스트상자 컨트롤에 "[판매권역]–[판매처코드]" 형식으로 표시되도록 컨트롤 원본을 지정합니다. 식작성기를 사용하지 않습니다.

작업 3 "제품별판매현황" 보고서 본문 모든 컨트롤 여백을 좁게로 지정합니다.

작업 4 "제품별판매현황" 보고서 용지 방향을 가로방향, 여백 넓게로 설정합니다.

작업 5 "제품" 테이블의 자료를 내문서 폴더에 "제품내역" 이름의 엑셀 통합문서로 저장합니다. 서식 및 레이아웃을 유지하도록 합니다.

프로젝트 4

여러분은 다양한 영역의 기초 자료를 사용해서 향후 업무 추진 일정 및 계획 수립 결정에 필요한 자료를 준비하고 자료에 대한 정확성 평가 작업을 하고 있습니다.

작업 1 "지점평균단가" 폼 "제품코드" 아래쪽에 "평균단가" 레이블에 "판매단가/판매수량"을 계산하는 텍스트상자를 추가합니다. 모든 레이블 컨트롤 크기를 가장 넓은 너비에 맞추고 왼쪽으로 정렬합니다.

작업 2 "지점평균단가" 폼의 캡션을 "평균단가"로 지정합니다.

작업 3 기본 파일 이름으로 현재 데이터베이스를 문서 폴더에 백업합니다.

작업 4 "제품별판매내역" 테이블에 "판매수량" 필드의 평균을 계산하는 요약행을 추가합니다.

프로젝트 5

여러분은 능력개발원 교육생의 데이터베이스 구축 및 관리 능력 수행 평가를 위한 테스트 평가 항목을 점검하고 있습니다. 주어진 작업 수행과정에서 발생할 수 있는 문제점을 파악하고 보고서를 제출해야합니다.

작업 1 쿼리마법사를 사용하여 제품코드의 판매일자 월별 총 판매수량을 보여주는 "월별 판매수량 합계"이름의 쿼리를 작성합니다. "제품별판매내역"테이블의 제품코드의 월별 레코드를 단순 쿼리로 만든 다음에, 크로스탭 쿼리를 이용해서 제품코드별 월별로 판매된 판매수량의 합계를 작성합니다. 쿼리를 실행합니다.

작업 2 "제품별판매내역" 테이블의 "판매일자" 필드에 새로운 레코드가 추가되는 경우 기본적으로 오늘날짜가 "yyyy-mm-dd" 형식으로 표시되도록 업데이트합니다.

작업 3 "제품별판매현황" 보고서의 캡션을 "제품별출력"으로 지정하고, 페이지 바닥글 구역 날짜 표시 컨트롤 (txt날짜)에 현재 날짜가 표시되도록 지정합니다.

작업 4 "제품" 테이블의 "제품코드" 필드는 기본적으로 영숫자가 입력되도록 하고, A로 시작하는 5글자로 구성되도록 유효성검사을 설정합니다. 유효하지 않은 자료가 입력되면 "제품코드를 확인바랍니다." 메시지가 표시되도록 합니다.

작업 5 "제품" 테이블의 "비고" 필드를 삭제하고 "제공처" 필드의 크기를 100, 공백문자가 허용되도록 지정합니다.

작업 6 "판매처"테이블 "판매권역"필드 내용 중 "지점"을 "총판"으로 바꾸기 합니다.

프로젝트 1

여러분은 신입사원 직무능력 향상을 위한 엑세스 프로그램 활용 능력 교육 자료를 준비하고 있습니다. 주어진 작업 해결 과정 및 결과를 보고서로 제출해야 합니다.

작업 1 "고객정보관리" 테이블 "고객번호"와 "예금관리" 테이블 "고객번호" 필드를 M : 1의 관계를 지정합니다. "고객정보관리" 테이블에는 모든 레코드를 포함하고 "예금관리" 테이블에서는 조인 된 필드가 일치하는 레코드만 포함하는 조인 속성을 지정합니다. 이 외의 선택사항은 기본값을 유지합니다.

작업 2 "고객정보관리" 테이블에 "2021년 현황"의 설명을 입력합니다.

작업 3 "예금관리" 테이블의 자료를 "총납입액" 필드 내림차순, "상품명" 필드를 오름차순으로 정렬합니다.

작업 4 "고객탐색" 폼과 "상품현황" 폼으로 구성되는 "세로 탭, 왼쪽" 탐색폼을 작성합니다. 폼 추가 순서는 문제에서 제시된 순서대로 추가하고 "고객상품현황" 이름으로 저장합니다.

작업 5 현재 데이터베이스의 "고객상품현황" 폼을 시작폼으로 설정합니다. 현재 데이터베이스를 종료하지는 않습니다.

프로젝트 2

여러분은 의뢰인에게 요청받은 다양한 형태의 자료를 분석, 요약하는 작업을 진행해야 합니다. 고객들의 요구 사항에 적합한 결과를 도출하고, 분석 과정을 정리해야 합니다.

작업 1 "고객탐색" 폼의 "고객번호" 텍스트상자의 컨트롤 원본을 "고객번호" 필드로 변경합니다.

작업 2 "예금관리" 보고서 본문의 모든 컨트롤 여백을 좁게 지정합니다.

작업 3 "예금관리" 보고서 레코드 원본을 "종합정보" 쿼리로 지정하고 본문의 "계약유지현황" 텍스트 상자에 "계약유지현황" 필드 와 "상태" 텍스트가 같이 표시되도록 컨트롤 원본을 변경합니다.

작업 4 "종합정보" 쿼리에서 "계약유지현황" 필드가 "연체" 이고 "미납액" 필드 값이 2500000이상인 자료만 표시되도록 수정합니다.

작업 5 현재 데이터베이스에 숨겨진 개체가 표시되도록 설정합니다.

프로젝트 3

여러분은 Mos-Master 자격취득을 위한 엑세스-Core 시험에 응시중입니다. 프로젝트의 해결과정 및 결과를 주어진 시간에 전송해야 합니다.

작업1 "예금관리" 보고서 본문영역 모든 컨트롤에 "특수효과: 오목, 문자색: Access 테마 7, 글꼴 두께: 굵게" 의 속성을 지정합니다.

작업2 "종합정보" 쿼리의 "상품명" 필드를 삭제하고, "평균납입액: 총납입액 / 납입기간"의 계산 필드를 추가합니다.

작업3 "상품명표시" 폼에 가로방향으로 2열씩 인쇄되도록 인쇄옵션을 설정합니다.

작업4 "고객정보관리" 테이블 "고객명" 필드에 "고객성명"의 캡션, 빈 문자열은 허용되지 않도록 필드속성을 지정합니다.

작업5 "예금관리" 테이블 "납입기간" 필드에 공백이거나 0보다 같거나 작은 값인지 검사하는 유효성 검사를 설정하고 유효하지 않은 값이 입력되면 "납입기간을 확인 바랍니다." 메시지가 표시되도록 합니다.

프로젝트 4

여러분은 다양한 영역의 기초 자료를 사용해서 향후 업무 추진 일정 및 계획 수립 결정에 필요한 자료를 준비하고 자료에 대한 정확성 평가 작업을 하고 있습니다.

작업1 "고객정보관리" 테이블을 내 문서에 "2021년고객" 이름의 엑셀 통합문서 형식으로 내보내기 합니다. "서식 및 레이아웃"도 함께 내보내기 합니다. 이 외의 선택사항은 기본값을 유지합니다.

작업2 "예금관리" 보고서를 "상품명분석인쇄"로 이름 변경합니다.

작업3 폼 마법사를 이용해서 "종합정보" 쿼리의 "고객명, 생년월일, 계약유지현황, 상품명" 필드만 포함하는 "고객명" 폼을 작성합니다. 폼의 형식은 열형식을 지정하고 이 외의 선택사항은 기본값을 유지합니다.

작업4 "상품명표시" 폼의 배경 이미지를 "배경-2.png"로 지정합니다.

작업5 "고객정보관리" 테이블 "개설점" 필드의 "염창동"을 "도봉동"으로 변경하는 "개설지점변경" 업데이트 쿼리를 작성합니다.

프로젝트 5

여러분은 능력개발원 교육생의 데이터베이스 구축 및 관리 능력 수행 평가를 위한 테스트 평가 항목을 점검하고 있습니다. 주어진 작업 수행과정에서 발생할 수 있는 문제점을 파악하고 보고서를 제출해야합니다.

작업 1 "미디어"라는 템플릿을 이용하여 폼을 작성합니다.

작업 2 "고객정보관리" 테이블의 "고객번호", "고객명", "생년월일" 필드, "예금관리" 테이블의 "상품명", "납입기간", "총납입액", "미납액", "광고수신" 필드를 포함하는 "고객목록" 쿼리를 작성합니다. 이 쿼리는 "고객번호" 필드를 기준으로 오름차순으로 정렬합니다. 쿼리의 실행은 선택사항입니다.

작업 3 "고객정보관리" 테이블 "고객번호", "고객명", "예금관리" 테이블 "상품명", "계약유지현황" 필드를 포함하는 "고객별상품목록" 이름의 폼을 생성합니다. "상품별계약유지상태" 이름의 데이터시트보기 형식의 하위폼을 작성합니다.

작업 4 마법사를 이용하여 "고객정보관리" 및 "예금관리" 테이블을 기반으로 보고서를 작성합니다. 이 보고서에는 "고객명", "생년월일", "상품명", "미납액" 필드가 "개설점"을 기준으로 그룹화되어야 합니다. "생년월일" 필드, 내림차순 정렬한 다음 "미납액" 필드를 오름차순으로 정렬합니다. 이 보고서의 제목은 "지점별미납액출력"으로 지정합니다. 지정된 이 외의 선택 사항은 기본값을 유지합니다.

프로젝트 6

여러분은 고객관리를 위한 데이터베이스를 구축하고 있습니다. 데이터베이스의 독립성과 데이터베이스의 안정성을 확보할 수 있는 구조를 설계해야 합니다.

작업 1 "예금관리" 테이블 "계약일" 필드는 새로운 레코드가 입력될 때 기본적으로 오늘날짜가 입력되고, "광고수신" 필드는 "YES"가 입력되도록 업데이트 합니다.

작업 2 데이터형식이 일련번호인 "고객관리번호", 데이터형식이 짧은텍스트인 "고객성명", 데이터형식이 짧은텍스트인 "연락처" 필드로 구성되는 "상담고객" 이름의 새 테이블을 작성합니다. "고객관리번호" 필드를 기본키로 지정하고, "연락처" 필드는 전화번호 입력마스크를 지정합니다.

작업 3 "이자율" 폼을 사용하여 현재 데이터베이스에 폼을 표시하도록 데이터베이스 옵션을 설정합니다. 이 데이터베이스를 닫지 않습니다.

작업 4 "고객정보인쇄" 보고서에 "제목"을 머리글에 추가하고 "페이지번호"를 비닥글에 추가합니다. 선택사항은 기본값을 유지합니다.

작업 5 "추가고객.csv" 파일 레코드를 "추가고객" 이름의 연결 테이블 형식으로 가져오기합니다. 파일의 첫 행은 열 이름이 포함되어 있습니다. 가져오기 단계의 모든 설정을 기본상태에서 저장합니다.

프로젝트 7

여러분은 고객관리를 위한 데이터베이스를 구축하고 있습니다. 데이터베이스의 독립성과 데이터베이스의 안정성을 확보할 수 있는 구조를 설계해야 합니다.

작업 1 "상품별인쇄" 보고서 "상품명" 레이블의 값이 "상품명(고객번호)" 형식으로 표시되도록 컨트롤 원본을 변경합니다.

작업 2 "상품별인쇄" 보고서 제목을 "상품가입현황"을 변경하고, "어두운 텍스트" 문자색을 지정합니다. 보고서 머리글영역에 "날짜" 만 표시되는 머리글을 추가합니다.

작업 3 "상품별인쇄" 보고서 페이지 머리글 구역 "계약일" 레이블의 캡션을 "가입일"로 지정합니다.

작업 4 현재 데이터베이스를 닫을 때 자동으로 압축되도록 지정합니다.

기출유형 모의고사 4회

프로젝트 1

여러분은 신입사원 직무능력 향상을 위한 엑세스 프로그램 활용 능력 교육 자료를 준비하고 있습니다. 주어진 작업 해결 과정 및 결과를 보고서로 제출해야 합니다.

작업 1 "출고관리" 쿼리에서 "추가생산, 제품사진" 필드는 숨기기를 적용하고, "점검일자" 필드는 고정시킵니다. 쿼리를 저장합니다.

작업 2 "출고관리" 쿼리에서 "불량수량/생산수량"을 계산하는 "불량률" 계산필드를 추가합니다. 필드형식은 백분율로 지정하고 소수 자릿수는 1로 지정합니다.

작업 3 "생산관리" 테이블 "출고지역" 필드를 기준으로 "계획수량" 필드의 최소값, 최대값을 계산하는 단순 요약 쿼리를 작성합니다. 쿼리의 이름은 "판매지역요약" 지정합니다. 쿼리 실행은 선택합니다.

작업 4 "생산관리" 테이블과 "제품관리" 테이블을 이용하여 "제품코드", "제품명", "단가", "추가생산" 필드를 포함하는 "추가생산없음" 쿼리를 생성합니다. 이 쿼리에는 "단가" 500000이상이고, 추가생산 계획이 없는 자료가 "제품코드" 필드 내림차순, "제품명" 필드 오름차순으로 정렬되어 표시되도록 합니다. 쿼리를 실행하고 닫기합니다.

프로젝트 2

여러분은 의뢰인에게 요청받은 다양한 형태의 자료를 분석, 요약하는 작업을 진행해야 합니다. 고객들의 요구 사항에 적합한 결과를 도출하고, 분석 과정을 정리해야 합니다.

작업 1 "제품생산" 폼의 배경이미지를 "배경-3.png"로 지정합니다.

작업 2 "제품생산" 폼의 모든 레블 컨트롤에 "글꼴 두께: 굵게, 문자색: 검정 텍스트, 텍스트 맞춤: 배분" 속성을 지정하고, 모든 텍스트상자 컨트롤에 "특수효과: 볼록" 속성을 지정합니다.

작업 3 "출고관리" 쿼리를 문서 폴더에 "출고관리통계"라는 이름의 Excel 통합 문서로 저장합니다. 서식 및 레이아웃 정보를 유지합니다. 이 외의 선택 사항은 기본값을 유지합니다.

작업 4 "제품생산" 폼에 대한 인쇄 설정합니다. 인쇄용지는 가로방향, 행 간격은 2Cm로 인쇄되도록 설정합니다.

프로젝트 3

여러분은 Mos-Master 자격취득을 위한 엑세스-Core 시험에 응시중입니다. 프로젝트의 해결과정 및 결과를 주어진 시간에 전송해야 합니다.

작업 1 "제품관리예비" 숨겨진 테이블이 보여지도록 설정합니다.

작업 2 "제품관리" 테이블의 "제품번호" 필드와 "생산관리" 테이블의 "제품코드" 필드 간에 일 대 다 관계를 만듭니다. 이 관계는 "제품관리" 테이블 에서는 모든 레코드를 포함하고 "생산관리"에서는 조인된 필드가 일치하는 레코드만 포함되도록 조인 속성을 지정합니다. 기타 모든 설정은 기본값으로 유지합니다.

작업 3 "출고관리" 쿼리를 문서 폴더에 "출고관리통계"라는 이름의 Excel 통합 문서로 저장합니다. 서식 및 레이아웃 정보를 유지합니다.

작업 4 "생산관리" 테이블에 "2021년도" 내용의 설명을 입력합니다.

작업 5 마법사를 이용하여 출고지역별 4월 점검일자의 생산수량의 총계를 보여주는 "4월 생산수량 합계" 쿼리를 작성합니다. "생산관리" 테이블의 출고지역이 레코드로 나열되어야 하며 점검일자는 필드로 표시되어야 합니다.

작업 6 "관리사원" 테이블의 "사원명" 필드, "제품관리" 테이블의 "제품번호", "제품명" 필드를 포함하는 "사원별 제품관리" 폼을 작성합니다. 하위 폼의 이름이 "사원별 생산" 인 데이터 시트 형식의 하위 폼을 작성합니다. 하위 폼에는 "생산관리" 테이블의 모든 필드가 표시되어야 합니다.

작업 7 보고서 마법사를 사용하여 "관리사원", "생산관리", "제품관리" 테이블 기반으로 보고서를 작성합니다. "출고지역", "제품명", "단가", "생산수량" 필드가 "사원명" 필드를 기준으로 그룹화되고 "출고지역" 필드를 내림차순, "생산수량" 필드를 오름차순으로 정렬합니다. 이 외의 선택사항은 기본값을 유지하고, 이 보고서의 이름은 "사원별 제품관리"로 지정합니다.

프로젝트 4

여러분은 다양한 영역의 기초 자료를 사용해서 향후 업무 추진 일정 및 계획 수립 결정에 필요한 자료를 준비하고 자료에 대한 정확성 평가 작업을 하고 있습니다.

작업 1 "관리사원" 테이블 "관리번호" 필드에 "사원관리제품" 캡션을 추가합니다.

작업 2 "생산관리" 테이블의 레코드를 "출고지역" 필드를 오름차순으로 정렬한 다음, "불량수량" 필드를 내림차순으로 정렬합니다.

작업 3 "생산관리" 테이블에 "불량수량" 필드의 평균을 계산하는 요약 행을 추가합니다.

작업 4 현재 데이터베이스를 닫을 때 자동으로 압축되도록 구성합니다. 현재 데이터베이스를 닫지 마십시오.

작업 5 "사원명" 이라는 폼을 사용하여 현재 데이터베이스를 시작하도록 옵션을 설정합니다. 이 데이터베이스를 닫지 마십시오.

프로젝트 5

여러분은 능력개발원 교육생의 데이터베이스 구축 및 관리 능력 수행 평가를 위한 테스트 평가 항목을 점검하고 있습니다. 주어진 작업 수행과정에서 발생할 수 있는 문제점을 파악하고 보고서를 제출해야합니다.

작업 1 "관리사원" 테이블에서 "사원명" 필드를 기본키로 설정합니다.

작업 2 "추가생산.csv" 파일의 데이터를 "생산관리" 테이블에 추가합니다. 원본 데이터는 쉼표(,)로 구분되어 있으며 첫 행은 열머리글을 포함하고 있습니다. 이 외의 선택사항은 기본값을 유지합니다.

작업 3 "설명" 템플릿을 기반으로 "설명" 이라는 테이블을 만듭니다. 하나의 "제품관리"에 여러 설명을 연결합니다. "설명" 테이블에는 "제품번호" 필드를 기반으로 "생산번호" 이름의 조회 열을 생성합니다.

작업 4 "관리사원" 테이블 "사원명" 필드 크기를 20으로 업데이트합니다.

작업 5 "생산관리" 테이블 "추가생산" 필드는 새로운 레코드가 입력될 때 기본적으로 yes가 입력되도록 "생산관리" 테이블을 업데이트합니다.

프로젝트 6

여러분은 고객관리를 위한 데이터베이스를 구축하고 있습니다. 데이터베이스의 독립성과 데이터베이스의 안정성을 확보할 수 있는 구조를 설계해야 합니다.

작업 1 데이터 형식이 일련번호인 "사원번호", 데이터 형식이 짧은 텍스트인 "사원이름", 데이터형식이 숫자이고 표준 형식으로 소수 자리수 한자리인 "입사성적" 필드로 구성되는 "사원관리" 테이블을 만듭니다. "사원번호" 필드를 기본키로 지정합니다.

작업 2 "출고관리" 쿼리를 이용하여 제품명이 "김치냉장고"인 레코드만 "김치냉장고" 테이블에 저장하는 "김치냉장고만들기" 테이블 만들기 쿼리를 작성합니다. "추가생산"필드는 제외합니다.

작업 3 "생산관리", "제품관리" 테이블의 "출고지역", "제품번호", "제품명" 필드와 "단가 * 생산수량"으로 계산된 "생산금액" 필드로 구성되는 "생산금액계산" 쿼리를 작성합니다.

작업 4 현재 데이터베이스를 백업합니다. 파일이름 및 설정사항은 기본값을 유지합니다.

프로젝트 7

여러분은 엑세스 프로그램에서 사용되는 개체 관리 작업에 필요한 다양한 명령어의 실행과정 및 결과에 대한 분석작업을 하고 있습니다. 오류 발생에 따른 디버깅 작업까지 수행합니다.

작업 1 "지역별생산출력" 보고서 레코드 원본을 "생산관리" 테이블로 지정합니다. "점검일자" 레이블의 텍스트 상자가 잘못된 컨트롤 원본으로 연결되어 있습니다. 컨트롤 원본을 "생산관리" 테이블의 "점검일자" 필드로 지정합니다. (식 작성기를 사용하지 마십시오)

작업 2 "지역별생산출력" 보고서 "제품코드" 레이블 캡션을 "생산제품코드"로 지정합니다. 보고서를 저장합니다.

작업 3 "지역별생산출력" 보고서 본문 영역 모든 컨트롤에 가로 간격 같음, 여백을 좁게로 설정합니다.

작업 4 "지역별생산출력" 보고서 출고지역 머리글의 출고지역이 "출고지역 제품코드" 형식으로 표시되도록 출고지역을 변경합니다.

작업 5 "지역별생산출력" 보고서 페이지 바닥글영역 오른쪽에 "N/M 페이지" 형식의 페이지 번호를 표시합니다.

기출유형 모의고사
작업 과정 해설

작업 과정 해설

프로젝트 1

작업 1 ❶ [탐색창]−[테이블] "자격검정관리" [마우스 오른쪽 버튼]−[디자인 보기]명령 선택합니다. ❷ "이름" 필드 선택 "필드 속성의 필드 크기: 50" 지정합니다. ❸ 테이블 [저장]−[닫기]합니다.

작업 2 ❶ [데이터베이스 도구]−[관계]명령 선택합니다. ❷ [관계]창 [마우스 오른쪽 버튼]−[테이블 표시] "제품정보, 주문정보" 테이블 표시합니다. "제품정보" 테이블의 "제품번호" 필드를 "주문정보" 테이블 "제품번호" 필드로 드래그 합니다. ❸ [관계 편집]−[조인 유형]선택합니다. 조인 유형에서 "제품정보 테이블에서는 모든 레코드를 포함하고 주문정보에서는 조인된 필드가 일치하는 레코드만 포함" 지정 [확인]선택합니다. ❹ [관계 편집]창 기본값 상태 [만들기]선택합니다. ❺ 관계 [저장]−[닫기]합니다.

작업 3 ❶ [탐색창]−[쿼리] "학생과목별점수" [마우스 오른쪽 버튼]−[디자인 보기]명령 선택합니다. ❷ [디자

인 창] "구분 필드 조건 행: 대재, 표시 행: 선택 해제, DB 필드 조건 행: >=60, 운영체제 필드 조건 행: >=60" 지정합니다. ❸ [쿼리 도구]−[디자인]−[결과]−[실행]선택합니다.

작업 4 ❶ [만들기]−[쿼리]−[쿼리 디자인]명령 선택합니다. [테이블 표시] "자격검정관리" 테이블 선택합니다. ❷ [쿼리 도구]−[디자인]−[쿼리 유형]−[테이블 만들기] 선택합니다. [테이블 만들기]대화상자 "새 테이블 이름: 강남시험장" 입력 [확인]선택합니다. ❸ "자격검정관리" 테이블의 "이름, 합계, 평균, 비고, 고사장" 필드를 디자인 창으로 이동합니다. ❹ [디자인 창] "합계 필드 정렬 행: 내림차순, 평균 필드 정렬 행: 내림차순, 고사장 필드 조건: 강남1시험장, 또는 강남2시험장, 표시 행: 선택 해제" 지정합니다. ❺ [쿼리 도구]−[디자인]−[결과]−[실행]선택합니다. ❻ 쿼리를 실행하면 [탐색창]−[테이블] "강남시험장" 테이블이 표시됩니다. ❼ "강남시험장결과보기" 쿼리이름 [저장]−[닫기]합니다.

프로젝트 2

작업 1 ❶ [만들기]−[쿼리]−[쿼리 마법사]−[단순 쿼리 마법사]명령 선택합니다. ❷ [쿼리 마법사 1단계] "테이블 선택: 자격검정관리" "선택한 필드: 고사장, 평균" 지정 [다음]선택합니다. ❸ [쿼리 마법사 2단계] "[요약]−[요약 옵션]−[평균]" 선택합니다. ❹ [쿼리 마법사 3단계] "쿼리이름: 고사장평균" 입력합니다. ❺ [탐색창]−[쿼리] "고사장평균" [마우스 오른쪽 버튼]−[디자인 보기]명령 선택합니다. ❻ [디자인 창] "평균의 평균: 평균" 필드 [마우스 오른쪽 버튼]−[속성]명령 선택합니다. ❼ [속성 시트] "형식: 표준, 소수 자릿수: 1" 지정합니다. ❽ 쿼리 [저장]−[닫기]합니다.

작업 2 ❶ [탐색창]−[테이블] "주문정보" [마우스 오른쪽 버튼]−[디자인 보기]명령 선택합니다. ❷ "수량" 필드 선택 "필드 속성 유효성 검사: Is Not Null and >0" 입력

합니다. ❸ "수량" 필드 선택 "필드 속성 유효성 검사 텍스트: 수량을 확인바랍니다." 입력합니다.

작업 3 ❶ [외부 데이터]−[가져오기 및 연결]−[Accss 파일]선택 합니다. ❷ [외부 데이터 가져오기−Access 데이터베이스]대화상자 경로 지정 후 "협력업체.accdb" 선택합니다. "데이터베이스를 저장할 방법 및 위치: 테이블, 쿼리, 폼, 보고서 등을 현재 데이터베이스로 가져오기" 선택합니다. ❸ [개체 가져오기]−[테이블] "업체명" [확인]선택합니다. ❹ [외부 데이터 가져오기−Access 데이터베이스]−[가져오기]대화상자 "가져오기 단계 저장" 선택 [닫기]합니다. ❺ [탐색창]−[테이블] "업체명" [마우스 오른쪽 버튼]−[이름 바꾸기]명령 선택 "협력업체명" 입력합니다.

작업 4 ❶ [탐색창]-[쿼리] "이용현황" 쿼리 [마우스 오른쪽 버튼]-[디자인 보기]명령 선택합니다. ❷ [디자인 창] "고객등급 필드 조건 행: 골드, 사용량 필드 정렬 행: 내림차순, 이용요금 필드 정렬 행: 내림차순" 지정 합니다. ❸ [쿼리 도구]-[디자인]-[결과]-[실행]명령 선택합니다. ❹ 쿼리 실행 결과 확인 후 [저장]-[닫기]합니다.

작업 5 ❶ [탐색창]-[테이블] "제품정보" 테이블 선택 [외부 데이터]-[내보내기]-[텍스트 파일]선택합니다. ❷ [내보내기 – 텍스트파일]대화상자 [찾아보기] 경로 지정 후 "파일이름: 제품정보.txt" 지정합니다. ❸ [내보내기 – 텍스트파일]대화상자 "서식 및 레이아웃과 함께 내보내기" 지정 [확인]선택합니다.

프로젝트 3

작업 1 ❶ [탐색창]-[폼] "학생별시험결과" [마우스 오른쪽 버튼]-[디자인 보기]명령 선택합니다. ❷ [본문 구역] 모든 레이블 컨트롤 선택 [폼 디자인 도구]-[정렬]-[크기 및 순서 조정]-[크기 및 공간]-[가장 넓은 너비에 맞게]명령 선택합니다. ❸ [본문 구역] 모든 레이블 컨트롤 선택 [속성 시트] "특수 효과: 오목" 지정 합니다.

작업 2 ❶ [탐색창]-[마우스 오른쪽 버튼]-[탐색 옵션]명령 선택합니다. ❷ [탐색 옵션]대화상자 "표시 옵션: 숨겨진 개체" 지정 [확인]선택합니다. ❸ [탐색창]-[테이블] "제품정보" 테이블 선택 [마우스 오른쪽 버튼]-[테이블 속성]명령 선택합니다. ❹ [제품정보 속성]대화상자 "특성: 숨김" 해제 [확인]선택합니다.

작업 3 ❶ [탐색창]-[테이블] "거래처정보" 선택 [마우스 오른쪽 버튼]-[열기]명령 선택합니다. ❷ [홈]-[정렬 및 필터]-[고급]-[고급 필터/정렬]명령 선택합니다. ❸ [디자인 창]으로 "대상지역, 거래처담당자" 필드 이동합니다. ❹ [디자인 창] "대상지역" 필드 정렬 행: 내림차순, "거래처담당자" 필드 정렬 행: 오름차순 지정합니다. ❺ [홈]-[정렬 및 필터]-[고급]-[필터/정렬 적용]명령 선택합니다. ❻ 테이블 정렬 결과 확인 후 [저장]-[닫기] 합니다.

작업 4 ❶ [만들기]-[쿼리]-[쿼리 디자인]명령 선택합니다. [테이블 표시] "거래처정보" 테이블 선택합니다. ❷ [디자인 창]으로 "거래처정보" 테이블 모든 필드 이동합니다. ❸ [디자인 창] "광고수신동의" 필드 조건 행: '[광고수신 동의 여부]'입력합니다. ❹ [쿼리 도구]-[디자인]-[표시/숨기기]-[매개변수]명령 선택합니다. ❺ [쿼리 매개 변수]대화상자 "매개변수: [광고수신 동의 여부], 데이터 형식: 예/아니오" 지정 합니다. ❻ [쿼리 도구]-[디자인]-[결과]-[실행]명령 선택합니다. ❼ [매개변수]입력창에 "YES"입력 [확인]선택합니다. ❽ 쿼리 실행 결과 확인 후 "쿼리 이름: 광고수신동의" 입력 후 [저장]-[닫기]합니다.

작업 5 ❶ [탐색창]-[보고서] "주문인쇄" 보고서 [마우스 오른쪽 버튼]-[디자인 보기]명령 선택합니다. ❷ 보고서 전체 선택 [속성 시트] "레코드 원본: '주문 정보'테이블" 지정합니다. ❸ 페이지 머리글 구역 "제품번호" 레이블 아래 본문 구역 "생산정보"가 바운드된 컨트롤 선택합니다. [속성 시트] "컨트롤 원본: 제품번호" 지정합니다. ❹ 보고서 인쇄 미리보기 결과 확인 후 [저장]-[닫기]선택합니다.

프로젝트 4

작업 1 ❶ [탐색창]-[테이블] "자격검정관리" [마우스 오른쪽 버튼]-[열기]명령 선택합니다. ❷ "자격검정관리" 테이블 "고사장" 필드 선택 [홈]-[찾기]-[바꾸기]명령 선택합니다. ❸ [찾기 및 바꾸기]대화상자 "찾을 내용: 시험, 바꿀 내용: 고사, 찾는 위치:현재 필드, 찾을 조건: 필드의 일부분, 찾을 방향: 모두" 지정 [모두 바꾸기]선택합니다. ❹ 바꾸기 결과 확인 테이블 [저장]-[닫기]합니다.

작업 2 ❶ [탐색창]-[테이블] "고객정보" 테이블 [마우스 오른쪽 버튼]-[디자인 보기]명령 선택합니다. ❷ "거래일자" 필드 선택 "필드 속성: 입력 마스크 항목 [입력 마스크 마법사]에서 '간단한 날짜'선택-[마침]" 선택합니다. ❸ "거래일자" 필드 선택 "필드 속성: 필수 항목 '예'" 지정합니다. ❹ 테이블 [저장]-[닫기]합니다.

작업 3 ❶ [탐색창]-[보고서] "거래처인쇄" [마우스 오른쪽 버튼]-[디자인 보기]명령 선택합니다. ❷ 페이지 머리글 구역 "고객ID" 레이블 컨트롤 선택 후 DELETE키로 삭제합니다. ❸ 본문 구역 "고객ID" 텍스트 상자 컨트롤 선택 후 DELETE키로 삭제합니다.

작업 4 ❶ [파일]-[다른 이름으로 저장]명령 선택합니다. ❷ [다른 이름으로 저장]대화상자 "고급: 데이터베이스 백업" 선택 [다른 이름으로 저장]선택합니다. ❸ [다른 이름으로 저장]대화상자 [저장]선택합니다.

작업 5 ❶ [탐색창]-[테이블] "자격검정관리" [마우스 오른쪽 버튼]-[열기]명령 선택합니다. ❷ [홈]-[레코드]-[요약]명령 선택합니다. 테이블 하단에 "요약 행" 추가 확인합니다. ❸ "DB" 필드 요약 행: 평균, "전산구조" 필드 요약 행: 평균, "운영체제" 필드 요약 행: 평균, "S/W공학" 필드 요약 행: 평균, "데이터통신" 필드 요약 행: 평균 지정합니다. ❹ 테이블 [저장]-[닫기]명령 선택합니다.

프로젝트 5

작업 1 ❶ [만들기]-[쿼리]-[쿼리 마법사]-[크로스탭 쿼리 마법사]명령 선택합니다. ❷ [쿼리 마법사 1단계] "테이블: 주문정보" 선택합니다. ❸ [쿼리 마법사 2단계] "행 레이블: 주문일" 필드 [다음]선택합니다. ❹ [쿼리 마법사 3단계] "열 레이블: 제품번호" 필드 [다음]선택합니다. ❺ [쿼리 마법사 4단계] "계산 필드: 수량, 함수: 평균" [다음]선택합니다. ❻ [쿼리 마법사 5단계] "쿼리 이름: 주문일평균수량" [마침]선택합니다. ❼ [탐색창]-[쿼리] "주문일평균수량" [마우스 오른쪽 버튼]-[열기]선택합니다. ❽ "주문일" 필드 필터링 단추 선택 [날짜 필터]-[기간 내의 모든 날짜]-[8월]선택합니다. ❾ 쿼리 결과 확인 후 [저장]-[닫기]선택합니다.

작업 2 ❶ [만들기]-[쿼리]-[쿼리 마법사]-[단순 쿼리 마법사]명령 선택합니다. ❷ [단순 쿼리 마법사 1단계] "테이블/쿼리: 고객정보, 선택한 필드: 지역, 고객등급, 사용량" 지정 [다음]선택합니다. ❸ [단순 쿼리 마법사 2단계] "요약: 요약 옵션(평균)" 지정 [다음]선택합니다. ❹ [단순 쿼리 마법사 3단계] "쿼리 이름: 고객등급별사용량평균" [마침]선택합니다. ❺ [탐색창]-[쿼리] "고객등급별사용량평균" [마우스 오른쪽 버튼]-[디자인 보기]명령 선택합니다. ❻ [디자인 창] "사용량의 평균" 필드 [마우스 오른쪽 버튼]-[속성]명령 선택합니다. ❼ [속성시트] "형식: 표준, 소수 자릿수: 0" 지정합니다. ❽ 쿼리 [저장]-[닫기]합니다.

작업 3 ❶ [만들기]-[쿼리]-[쿼리 디자인]명령 선택하고 [테이블 표시] "제품정보" 테이블 [추가]-[닫기]합니다. ❷ [디자인 창]으로 "제품명" 필드 이동합니다. ❸ [디자인 창] 2번 째 필드 행 "평균단가: 단가/처리단위" 입력합니다. ❹ [디자인 창] "평균단가" 필드 선택 [마우스 오른쪽 버튼]-[속성]명령 선택합니다. [속성 시트] "형식: 표준, 소수 자릿수: 0" 지정합니다. ❺ 쿼리 실행 결과 확인 후 [저장]-[닫기]합니다.

작업 4 ❶ [탐색창]-[쿼리] "주문현황" [마우스 오른쪽 버튼]-[디자인 보기]명령 선택합니다. ❷ [디자인 창] "거래처담당자" 필드 드래그로 처음 필드로 이동합니다. ❸ [디자인 창] "대상지역" 필드 "표시 행" 선택 해제 합니다. ❹ 쿼리 [저장]-[닫기]합니다.

작업 5 ❶ [탐색창]-[테이블] "거래처정보" [마우스 오른쪽 버튼]-[디자인 보기]명령 선택합니다. ❷ "전화번호" 필드 선택 "필드 속성: 입력마스크" 대화상자를 선택합니다. ❸ [입력 마스크 대화상자] "전화번호" 표시형식 선택 [마침]합니다. ❹ 테이블 [저장]-[닫기]합니다.

프로젝트 6

작업 1 ❶ [탐색창]-[테이블] "자격검정관리" [마우스 오른쪽 버튼]-[디자인 보기]명령 선택합니다. ❷ "번호" 필드 [마우스 오른쪽 버튼]-[기본키]명령 선택합니다. ❸ "고사장" 필드 선택 [필드 속성]-[유효성 검사] Like "???시험장" 입력합니다. ❹ 테이블 [저장]-[닫기]선택합니다.

작업 2 ❶ [만들기]-[쿼리]-[쿼리 디자인]명령 선택합니다. [테이블 표시]대화상자 "자격검정관리" 선택합니다. ❷ [쿼리 도구]-[디자인]-[쿼리 유형]-[삭제]선택합니다. ❸ "구분" 필드 드래그 [디자인 창]으로 이동합니다. ❹ [디자인 창] "구분 필드 조건 행: 경력" 지정 합니다. ❺ [쿼리 도구]-[디자인]-[결과]-[실행]선택 합니다. ❻ 쿼리 실행 결과 확인 "경력삭제" 이름으로 [저장]-[닫기]합니다.

작업 3 ❶ [탐색창]-[테이블] "고객정보" [마우스 오른쪽 버튼]-[디자인 보기]명령 선택합니다. ❷ "고객등급" 필드 [필드 속성]-[유효성 검사] "신규 Or 로얄 Or 일반 Or 골드" 입력합니다. ❸ "고객필드" 필드 [필드 속성]-[유효성 검사 텍스트] "고객등급 확인바랍니다." 입력합니다. ❹ 테이블 [저장]-[닫기]합니다.

작업 4 ❶ [만들기]-[폼]-[탐색]-[세로 탭, 왼쪽]명령 선택합니다. ❷ [탐색창]-[테이블] "상품정보" "세로추가" 텍스트 위로 드래그 이동합니다. 다음 "고객정보" 테이블 "세로추가" 텍스트 위로 드래그 이동합니다. ❸ "고객별상품" 폼 이름으로 [저장]-[닫기]합니다.

프로젝트 7

작업1 ❶ [데이터]-[가져오기 및 연결]-[텍스트 파일]명령 선택합니다. ❷ [외부 데이터 가져오기]대화상자 경로 설정 "추가상품.csv" 파일 선택합니다. ❸ [외부 데이터 가져오기]대화상자 저장할 방법 및 위치 "다음 테이블에 복사 추가: 제품정보" 지정 [확인]선택합니다. ❹ [텍스트 마법사] "구분 기호: 쉼표(,)", "첫 행 필드이름 포함" 선택 [다음]선택합니다. ❺ [텍스트 마법사] "테이블로 가져오기: 제품정보" [마침]선택합니다. ❻ 가져오기 단계 저장은 선택하지 않고 종료합니다. ❼ "제품정보" 테이블 열기 결과 확인 후 [저장]-[닫기]합니다.

※ 외부 데이터를 가져오는 방법은 "새 테이블 만들기, 기존 테이블 복사 본추가, 연결 테이블 만들기" 방법이 있습니다.

작업2 ❶ [탐색창]-[테이블] "주문정보" [마우스 오른쪽 버튼]-[디자인 보기]명령 선택합니다. ❷ "주문일" 필드 선택 [필드 속성] "유효성 검사: 〉=#2020-07-01# And Is Not Null" 입력합니다. ❸ 테이블 [저장]-[닫기]합니다.

※ 엑세스 날짜 조건: #년-월-일#
※ 2020년 6월 30이전 이거나 공백를 검사하는 유효성검사를 설정하면 입력할 수 있는 값은 "2020년 7월 1일부터 이고 공백은 불가능"합니다.
※ 문제에서 주어진 것과 반대로 해석하여 유효성 검사 규칙에 입력해야 합니다.

작업3 ❶ [탐색창]-[폼] "일자별사용량" [마우스 오른쪽 버튼]-[디자인 보기]명령 선택합니다. ❷ 본문 구역 선택 [마우스 오른쪽 버튼]-[탭 순서]명령 선택합니다. ❸ [탭 순서]대화상자 [자동순서]선택합니다. ❹ 폼 [저장]-[닫기]합니다.

작업4 ❶ [만들기]-[쿼리]-[쿼리 디자인]명령 선택합니다. [테이블 표시] "검정결과관리" 테이블 선택합니다. ❷ [디자인 창]으로 결과에 포함될 "이름, 고사장, 평균, 비고, SMS수신"필드 이동합니다. ❸ [디자인 창] "SMS수신" 필드 표시 행: 선택 해제, 조건 행: [결과 수신 동의] 입력합니다. ❹ [쿼리 도구]-[디자인]-[표시/숨기기]-[매개변수]명령 선택합니다. ❺ [쿼리 매개 변수]대화상자 "매개변수: [결과 수신 동의], 데이터 형식: 예/아니오" 지정 [확인]선택합니다. ❻ [쿼리 도구]-[디자인]-[결과]-[실행] 매개 변수 입력창 "YES" 입력 [확인]선택합니다. ❼ 쿼리 실행 결과 확인 후 "수신동의" 이름으로 쿼리 [저장]-[닫기]선택합니다.

작업 과정 해설

프로젝트 1

작업1 ❶ [탐색창]-[테이블] "판매처" [마우스 오른쪽 버튼]-[디자인 보기]명령 선택합니다. ❷ "판매처코드" 필드 선택 [마우스 오른쪽 버튼]-[기본키]선택합니다. ❸ 테이블 [저장]-[닫기]합니다.

작업2 ❶ [탐색창]-[테이블] "제품" [마우스 오른쪽 버튼]-[테이블 속성]명령 선택합니다. ❷ [제품 속성]대화상자 "설명: 지역별 특산물" 입력 [확인]선택합니다.

작업3 ❶ [데이터베이스 도구]-[관계]-[관계]명령 선택합니다. [테이블 표시]대화상자 "제품, 제품별판매내역" 테이블 표시합니다. ❷ "제품코드" 필드를 "제품코드" 필드로 드래그합니다. ❸ [관계 편집]-[조인 유형]명령 선택합니다. "제품" 테이블에는 모든 레코드를 포함하고, "제품별판매내역" 테이블에서는 조인된 필드가 일치하는 레코드만 포함의 조인 유형을 지정합니다. ❹ [관계

편집]대화상자 [만들기]선택합니다. ❺ [관계]창 [저장]-[닫기]합니다.

작업4 ❶ [만들기]-[쿼리]-[쿼리 디자인]명령 선택합니다. ❷ [테이블 표시]대화상자 "제품", "제품별판매내역" 테이블 지정합니다. ❸ [디자인 창] 필드로 문제에서 제시된 필드 순서대로 드래그 이동합니다. ❹ [디자인 창] "제품명 필드 정렬 행: 오름차순", "판매수량 필드 정렬 행: 내림차순"지정합니다. ❺ [쿼리 도구]-[디자인]-[결과]-[실행]선택 결과를 확인합니다. ❻ 결과 확인 후 "일자별판매내역"이름으로 [저장]-[닫기]합니다.

※ 필드를 이동할 때 문제에서 제시된 순서대로 이동해야 합니다.

작업5 ❶ [데이터베이스]-[도구]-[압축 및 복구]명령 선택합니다.

프로젝트 2

작업1 ❶ [탐색창]-[폼] "제품목록" [마우스 오른쪽 버튼]-[열기]선택합니다. ❷ [제품목록]폼 "제품명" 필드 값 선택 [홈]-[정렬 및 필터]-[내림차순]명령 선택합니다. ❸ 쿼리 [저장]-[닫기]합니다.

※ 테이블이나 쿼리의 내용(레코드)의 정렬 및 필터링 작업은 테이블이나 쿼리 열기상태에서 작업해야 합니다.

작업2 ❶ [탐색창]-[폼] "제품목록" [마우스 오른쪽 버튼]-[디자인보기]선택합니다. ❷ "제품사진" 레이블 필드 값 컨트롤(텍스트상자) 선택 [속성 시트] "탭 정지: 아니오, 컨트롤 팁 텍스트: 실제 제품은 사진과 다를 수 있습니다." 지정합니다. ❸ 쿼리 [저장]-[닫기]합니다.

※ 컨트롤 팁 텍스트의 결과는 "폼보기" 상태에서 가능합니다.

작업3 ❶ [탐색창]-[테이블] "제품별판매내역" [마우스 오른쪽 버튼]-[열기]선택합니다. ❷ "판매일자" 필드이름 [마우스 오른쪽 버튼]-[고정]명령 선택합니다. ❸ "지점코드" 필드이름 [마우스 오른쪽 버튼]-[필드 숨기기]명령 선택합니다. ❹ 테이블 [저장]-[닫기]선

택합니다.

작업4 ❶ [탐색창]-[폼] "판매내역" [마우스 오른쪽 버튼]-[디자인 보기]명령 선택합니다. ❷ 본문 구역에서 "제품명" 레이블에 해당하는 컨트롤 선택 [속성 시트] "컨트롤 원본: 제품명" 지정 합니다. ❸ 쿼리 [저장]-[닫기]합니다.

※ "제품명" 레이블에 해당하는 필드 값을 폼에 표시하기 위해서는 "제품명" 레이블과 연관된 텍스트 상자를 선택하고 속성시트 컨트롤 원본 항목에서 필드나 계산식을 지정해야 합니다.

작업5 ❶ [탐색창]-[폼] "판매내역" [마우스 오른쪽 버튼]-[디자인 보기]명령 선택합니다. ❷ 본문 구역에서 "판매금액" 레이블에 해당하는 컨트롤 선택 [속성 시트] "컨트롤 원본: =판매단가 * 판매수량" 지정 합니다.

※ "제품명" 레이블에 해당하는 필드 값을 폼에 표시하기 위해서는 "제품명" 레이블과 연관된 텍스트 상자를 선택하고 속성시트 컨트롤 원본 항목에서 필드나 계산식을 지정해야 합니다.

프로젝트 3

작업 1 ❶ [탐색창]-[보고서] "제품별판매현황" [마우스 오른쪽 버튼]-[디자인 보기]명령 선택합니다 ❷ "제품명" 바닥글 구역 컨트롤 상자(언바운드) 선택 [속성 시트] "컨트롤 원본: =Avg([판매단가])" 입력합니다.

※ =AVG([필드이름]): 지정된 필드의 평균을 계산합니다.

❸ 보고서 [저장]-[닫기]합니다.

작업 2 ❶ [탐색창]-[보고서] "제품별판매현황" [마우스 오른쪽 버튼]-[디자인 보기]명령 선택합니다 ❷ "제품명" 머리글 구역 컨트롤 상자(언바운드) 선택 [속성 시트] "컨트롤 원본: =[판매권역] & "–" & [판매처코드]"입력합니다.

※ 텍스트 상자 컨트롤에 여러 개의 필드값을 표시할 때는 &연산자를 사용하여 연결합니다.
※ 필드 중간에 연결되는 기호는 "문자열" 처리합니다.
※ =[필드이름] & "–" & [필드이름]: 두 개 필드를 "–" 기호로 연결합니다.
※ =[필드이름] & " " & [필드이름]: 두 개 필드를 공백으로 연결합니다.

❸ 보고서 [저장]-[닫기]합니다.

작업 3 ❶ [탐색창]-[보고서] "제품별판매현황" [마우스 오른쪽 버튼]-[디자인 보기]명령 선택합니다 ❷ 본문 구역 모든 컨트롤 선택 [보고서 디자인 도구]-[정렬]-[위치]-[여백 조정]-[좁게]선택합니다. ❸ 보고서 [저장]-[닫기]합니다.

작업 4 ❶ [탐색창]-[보고서] "제품별판매현황" [마우스 오른쪽 버튼]-[디자인 보기]명령선택합니다 ❷ [보고서 디자인 도구]-[페이지 설정]-[페이지 레이아웃]-[가로]지정 합니다. ❸ [보고서 디자인 도구]-[페이지 설정]-[페이지 크기]-[여백]-[넓게]지정 합니다. ❹ [보고서 [저장]-[닫기]합니다.

작업 5 ❶ [탐색창]-[테이블] "제품"선택 [외부 데이터]-[내보내기]-[Excel]선택합니다. ❷ [내보내기 – Excel 스프레드시트]대화상자 "파일이름: 제품내역, 내보내기 옵션: 서식 및 레이아웃과 함께 데이터 내보내기" 지정 [확인]합니다. ❸ "내보내기 단계 저장" 선택하지 않고 [닫기]합니다.

프로젝트 4

작업 1 ❶ [탐색창]-[폼] "지점평균단가" [마우스 오른쪽 버튼]-[디자인 보기]명령 선택합니다. ❷ [폼 디자인 도구]-[디자인]-[컨트롤] "텍스트 상자" 컨트롤 선택 드래그로 생성합니다. ❸ 생성된 왼쪽(레이블) 컨트롤 선택 [속성 시트] "캡션: 평균단가" 입력합니다. ❹ 생성된 오른쪽(컨트롤 상자) 컨트롤 선택 [속성 시트] "컨트롤 원본: =판매단가 / 판매수량" 입력합니다. ❺ 본문 구역 모든 레이블 선택 [폼 디자인 도구]-[정렬]-[크기 및 순서 조정]-[크기 및 공간]-[가장 넓은 너비에]명령 선택합니다. ❻ 본문 구역 모든 레이블 선택 [폼 디자인 도구]-[정렬]-[크기 및 순서 조정]-[맞춤]-[왼쪽 맞춤]명령 선택합니다. ❼ 폼 결과 확인 후 [저장]-[닫기]합니다.

※ 폼/보고서에서 필드값이나 계산값을 표시하려면 텍스트상자를 추가해야합니다. 텍스트 상자 컨트롤을 추가하면 왼쪽에는 레이블, 오른쪽에는 텍스트상자가 생성됩니다.

※ 레이블 컨트롤은 "속성시트: 캡션 항목", 텍스트 상자 컨트롤은 "속성시트: 컨트롤 원본"을 지정해야 합니다.

작업 2 ❶ [탐색창]-[폼] "지점평균단가" [마우스 오른쪽 버튼]-[디자인 보기]명령 선택합니다. ❷ 폼 전체 선택 [속성 시트] "캡션: 평균단가" 입력합니다. ❸ 폼 결과 확인 후 [저장]-[닫기]합니다.

작업 3 ❶ [파일]-[다른 이름으로 저장]명령 선택합니다. ❷ [다른 이름으로 저장]대화상자 "고급: 데이터베이스 백업" 지정 [다른 이름으로 저장]선택합니다. ❸ [다른 이름으로 저장]대화상자 [저장]선택합니다.

작업 4 ❶ [탐색창]-[테이블] "제품별판매내역" [마우스 오른쪽 버튼]-[열기]선택합니다. ❷ [홈]-[레코드]-[요약]명령 선택합니다. ❸ 추가된 [요약 행] "판매수량" 필드에 "평균" 함수 선택합니다.

프로젝트 5

작업1 ❶ [만들기]−[쿼리]−[쿼리 마법사]−[크로스탭 쿼리 마법사]명령 선택합니다. ❷ [쿼리 마법사 1단계] "테이블: 제품별판매내역"지정 [다음]선택합니다. ❸ [쿼리 마법사 2단계] "행 레이블 선택한 필드: 제품코드" 지정 [다음]선택합니다. ❹ [쿼리 마법사 3단계] "열 레이블: 판매일자"지정 [다음]선택합니다. ❺ [쿼리 마법사 4단계] "열 그룹화 단위: 월"지정 [다음]선택합니다. ❻ [쿼리 마법사 5단계] "계산 필드: 판매수량, 함수: 총계" 지정 [다음]선택합니다. ❼ [쿼리 마법사 6단계] "쿼리 이름: 월별 판매수량 합계"지정 [마침]선택합니다. ❽ 쿼리 결과를 확인 [저장]−[닫기]합니다.

※ 이 문제의 최종 결과는 "크로스탭 쿼리"를 작성하는 문제입니다. 문제에 지시된 "단순 쿼리"는 작업 과정을 의미합니다.

※ 크로스탭 쿼리 작성은 "행 레이블(제품코드), 열 레이블(판매일자), 값 (수량, 총계)을 판단하는 것이 중요합니다.

작업2 ❶ [탐색창]−[테이블] "제품별판매내역" [마우스 오른쪽 버튼]−[디자인 보기]선택합니다. ❷ "판매일자"필드 선택 [필드 속성] "기본값 항목: =date(), 형식: 간단한 날짜" 속성 지정합니다. ❸ 테이블 [저장]−[닫기] 합니다.

작업3 ❶ [탐색창]−[보고서] "제품별판매현황" [마우스 오른쪽 버튼]−[디자인 보기]명령 선택합니다. ❷ 보고서 전체 선택 [속성 시트] "캡션: 제품별출력"입력합니다. ❸ 페이지 바닥글 구역 txt날짜 컨트롤 선택 [속성 시트] "컨트롤 원본: =date()" 입력합니다. ❹ 보고서 [저장]−[닫기]합니다.

※ 실행 결과에 "####"으로 표시되는 것은 열의 너비가 좁아서 발생합니다. 열 이름의 오른쪽 경계선에서 더블클릭으로 열 너비를 조정하면 정상적으로 표시됩니다.

작업4 ❶ [탐색창]−[테이블] "제품" [마우스 오른쪽 버튼]−[디자인 보기]명령 선택합니다. ❷ "제품코드"필드 선택 [필드 속성] IME 모드: 영숫자 반자, 유효성 검사: Like "A????", 유효성 검사 텍스트: "제품코드를 확인바랍니다." 지정합니다. ❸ 테이블 [저장]−[닫기]합니다.

작업5 ❶ [탐색창]−[테이블] "제품" [마우스 오른쪽 버튼]−[디자인 보기]명령 선택합니다. ❷ "비고"필드 선택 [마우스 오른쪽 버튼]−[행 삭제]선택합니다. ❸ "제공처"필드 선택 [필드 속성] "크기: 100, 빈 문자열 허용: 예"지정합니다. ❹ 테이블 결과 확인 [저장]−[닫기]합니다.

작업6 ❶ [탐색창]−[테이블] "판매처" [마우스 오른쪽 버튼]−[열기]명령 선택합니다. ❷ "판매권역"필드 선택 [홈]−[찾기]−[바꾸기]명령 선택합니다. ❸ [바꾸기]대화상자 "찾을 내용: 지점, 바꿀 내용: 총판, 찾을 조건: 필드 일부"지정 [모두 바꾸기]선택합니다. ❹ 테이블 [저장]−[닫기]합니다.

프로젝트 1

작업1 ❶ [데이터베이스 도구]-[관계]-[관계]명령 선택 합니다. [테이블 표시]대화상자에서 "고객정보관리, 예금관리" 테이블을 관계 편집창에 추가합니다. ❷ "고객정보관리" 테이블 "고객번호" 필드를 "예금관리" 테이블 "고객번호" 필드 위로 드래그합니다. ❸ [관계 편집]-[조인 유형]명령 선택합니다. ❹ [조인 유형]대화상자에서 "'고객정보관리'테이블에는 모든 레코드를 포함하고 '예금관리'테이블에서는 조인 된 필드가 일치하는 레코드만 포함" 조인 유형 선택 [확인]합니다. ❺ [관계 편집]-[만들기]명령 선택합니다. ❻ "관계"를 저장하고 [닫기]합니다.

※ 관계에 필요한 테이블을 추가할 때 테이블이름을 직접 더블클릭해서 추가 또는 테이블 선택 후 "추가" 명령 선택합니다.

작업2 ❶ [탐색창]-[테이블] "고객정보관리" 테이블 선택 [마우스 오른쪽 버튼]-[테이블 속성]명령 선택합니다. ❷ [고객정보관리 속성]-[설명]항목에 "2021년 현황" 입력 [확인]선택 합니다.

작업3 ❶ [탐색창]-[테이블] "예금관리" 테이블 선택 [마우스 오른쪽 버튼]-[열기]명령 선택합니다. ❷ [홈]-[정렬 및 필터]-[고급 필터 옵션]-[고급 필터/정렬]명령 선택합니다. ❸ [예금관리필터1 작업창] "예금관리" 테이블의 "총납입액, 상품명" 필드를 드래그 디자인 창으로 이동합니다. ❹ 디자인 창 "총납입액 필드 정렬 행: 내림차순, 상품명 필드 정렬: 오름차순" 지정 합니다. ❺ [홈]-[정렬 및 필터]-[고급 필터 옵션]-[필터/정렬 적용]명령 선택합니다. ❻ "예금관리" 테이블에서 정렬 결과를 확인하고 [저장]-[닫기]합니다.

작업4 ❶ [만들기]-[폼]-[탐색]-[세로 탭, 왼쪽]명령 선택합니다. ❷ [탐색창]-[폼] "고객탐색" 폼을 "세로 추가" 문자위로 드래그합니다. ❸ [탐색창]-[폼] "상품정보" 폼을 "세로 추가" 문자위로 드래그합니다. ❹ "탐색 폼" 이름 [마우스 오른쪽 버튼]-[저장] "폼 이름: 고객상품현황" 입력 [확인]선택 합니다. ❺ 폼을 [닫기]합니다.

작업5 ❶ [파일]-[옵션]-[Access 옵션]-[현재 데이터베이스] "폼 표시: 고객상품현황" 지정 [확인]선택 합니다. ❷ 현재 데이터베이스를 종료하지 않습니다.

프로젝트 2

작업1 ❶ [탐색창]-[폼] "고객탐색" 폼 [마우스 오른쪽 버튼]-[디자인 보기]명령 선택합니다. ❷ [본문]영역 "고객번호" 텍스트상자 선택 [속성 시트]-[컨트롤 원본] 항목에 "고객번호" 선택 합니다. ❸ 폼을 [저장]-[닫기] 명령 선택 합니다.

※ 폼이나/보고서의 컨트롤 속성을 지정하거나 변경할 때는 "디자인 보기" 상태에서 작업합니다.

※ 컨트롤을 선택하면 [속성 시트]상단에 선택한 컨트롤 종류 및 이름이 표시되며, 필드값이나 계산식의 결과를 표시할 때는 "텍스트상자" 컨트롤을 선택해야 합니다.

※ [속성 시트]가 표시되지 않을 때는 "[폼/보고서 디자인 도구]-[디자인]-[속성 시트] 선택 표시합니다.

작업2 ❶ [탐색창]-[보고서] "예금관리" 보고서 [마우스 오른쪽]-[디자인 보기]명령 선택 합니다. ❷ [본문]영역 모든 컨트롤 선택 [보고서 디자인 도구]-[정렬]-[위치]-[여백 조정]-[좁게]명령 선택합니다. ❸ 보고서를 [저장]-[닫기]명령 선택합니다.

※ 여러 개의 컨트롤을 선택할 때 "Shift" 키 사용 가능하고, 폼/보고서의 빈 곳에서 드래그로 선택 가능 합니다

작업3 ❶ [탐색창]-[보고서] 예금관리"보고서 [마우스 오른쪽]-[디자인 보기]명령 선택 합니다. ❷ 보고서 전체 선택 [속성 시트]-[레코드 원본]-[종합정보]선택합니다. ❸ [본문]영역 "계약유지현황" 필드가 표시된 텍

스트 상자를 선택 [속성 시트]-[컨트롤 원본]항목에 "=
[계약유지현황] &" " & "상태"" 수식을 입력합니다. ❹
보고서 인쇄미리보기에서 결과를 확인 후 [저장]-[닫기]
명령 선택합니다.

※ &연산자: 주어진 필드나 문자, 숫자 자료를 연결하여 표시하는 연결연
산자입니다.

※ 수식이나 함수에 문자열이 사용되면 "문자열"로 표시합니다.

※ [계역유지현황]필드와 "상태" 문자열 사이에 공백을 추가하기 위하여
" " 사용합니다.

작업4 ❶ [탐색창]-[쿼리] "종합정보" 쿼리 [마우스
오른쪽 버튼]-[디자인 보기]명령 선택합니다. ❷ 디자인
창 "계약유지현황" 필드 조건 행: 연체, "미납액" 필드 조
건 행: 〉=250000 지정합니다. ❸ 쿼리 결과(실행)확인
하고 [저장]-[닫기]합니다.

※ 문제에서 "쿼리 실행은 선택 사항입니다." 라고 제시되면 실행 결과
확인하지 않아도 됩니다.

작업5 ❶ [탐색창]-[마우스 오른쪽 버튼]-[탐색 옵
션]명령 선택합니다. ❷ [탐색 옵션]대화상자 "표시옵션:
숨겨진 개체 표시" 선택합니다.

프로젝트 3

작업1 ❶ [탐색창]-[보고서] "예금관리" 보고서 [마우
스 오른쪽 버튼]-[디자인 보기]명령 선택합니다. ❷ 본문
영역 모든 컨트롤 선택 [속성 시트] "특수 효과: 오목, 문
자색: Access 테마 7, 글꼴 두께: 굵게" 속성을 지정합니
다. ❸ 보고서 인쇄미리보기에서 결과 확인 후 [저장]-
[닫기]명령 선택합니다.

작업2 ❶ [탐색창]-[쿼리] "종합정보" 선택 [마우스
오른쪽 버튼]-[디자인 보기]명령 선택합니다. ❷ [디자
인 창] "상품명" 필드 선택 [쿼리 도구]-[디자인]-[쿼리
설정]-[열 삭제]명령 선택합니다. ❸ [디자인 창] 마지
막 필드 행에 "평균납입액: 총납입액 / 납입기간" 입력
합니다. ❹ 쿼리 결과(실행) 확인하고 [저장]-[닫기]명
령 선택합니다.

작업3 ❶ [탐색창]-[폼] "상품명표시" 선택 [파일]-
[인쇄]-[인쇄 미리 보기]명령 선택합니다. ❷ [인쇄 미리
보기]-[페이지 레이아웃] "가로" 지정 합니다. ❸ [인쇄
미리 보기]-[페이지 레이아웃]-[열]명령 선택합니다.

❹ [페이지 설정]-[열]-[눈금 설정] "열 개수: 2"로 지정
합니다. ❺ [저장]-[닫기]명령 선택합니다.

작업4 ❶ [탐색창]-[테이블] "고객정보관리" 선택 [마
우스 오른쪽 버튼]-[디자인 보기]명령 선택합니다. ❷
"고객명" 필드 선택 "필드 속성 캡션: 고객성명, 빈 문자
열 허용: 아니오" 지정합니다. ❸ [저장]-[닫기]명령 선
택합니다.

작업5 ❶ [탐색창]-[테이블] "예금관리" 선택 [마우스
오른쪽 버튼]-[디자인 보기]명령 선택합니다. ❷ "납입
기간" 필드 선택 "필드 속성 유효성 검사: IS Not Null
And 〉0, 유효성 검사 텍스트: 납입기간을 확인 바랍니
다." 지정합니다.

※ 유효성 검사: 입력값을 제한 하는 기능입니다.

※ Null: 공백을 의미합니다.

※ 유효성 검사 텍스트: 유효하지 않은 값(잘못된 값)이 입력되면 표시되
는 메시지를 지정합니다.

※ 공백이거나 0보다 작은지를 검사: 공백이 아니고 0보다 큰 값만 입력
이 가능합니다.

Access

Word

Excel

PowerPoint

프로젝트 4

작업 1 ❶ [탐색창]-[테이블] "고객정보관리" 선택 [외부 데이터]-[내보내기]-[Excel]명령 선택합니다. ❷ [내보내기]대화상자 "파일 이름: 2021년고객, 파일 형식: Excel 통합 문서(*.xlsx), 서식, 레이아웃과 함께 데이터 내보내기" 지정 합니다.

작업 2 ❶ [탐색창]-[보고서] "예금관리" 선택 [마우스 오른쪽 버튼]-[이름 바꾸기]명령 선택합니다. ❷ "상품명분석인쇄"의 보고서 이름 입력합니다.

작업 3 ❶ [만들기]-[폼]-[폼 마법사]명령 선택합니다. ❷ [폼 마법사 1단계] "테이블/쿼리: 종합정보, 선택한 필드: 고객명, 생년월일, 계약유지현황, 상품명"필드 이동합니다. ❸ [폼 마법사 2단계] "폼 모양: 열 형식" 지정합니다. ❹ [폼 마법사 3단계] "폼 이름: 고객명" 지정합니다. ❺ 결과 확인 후 [저장]-[닫기]명령 선택합니다.

작업 4 ❶ [탐색창]-[폼] "상품명표시" [마우스 오른쪽 버튼]-[디자인 보기]명령 선택합니다. ❷ [폼 디자인 도구]-[서식]-[배경]-[배경 이미지]-[찾아보기]명령 선택합니다. ❸ [찾아보기]대화상자에서 경로 지정 후 "배경-2.png" 파일 선택합니다. ❹ 폼보기 결과 확인 후 [저장]-[닫기]명령 선택합니다.

작업 5 ❶ [만들기]-[쿼리]-[쿼리 디자인]명령 선택합니다. ❷ [테이블 표시]-[고객정보관리]선택 합니다. ❸ [쿼리 도구]-[디자인]-[쿼리 유형]-[업데이트]유형 선택하고 "개설점" 필드를 [디자인 창] 첫 번째 필드로 드래그 이동합니다. ❹ [디자인 창] "개설점" 필드 "조건: 염창동, 업데이트: 도봉동" 입력 합니다. ❺ [쿼리 도구]-[디자인]-[쿼리 유형]-[실행]선택 합니다. ❻ 쿼리 결과 확인 후 "개설지점변경" 이름으로 [저장]-[닫기]합니다.

프로젝트 5

작업 1 ❶ [만들기]-[서식 파일]-[응용 프로그램 요소]-[빈폼]-[미디어]명령 선택합니다.

작업 2 ❶ [만들기]-[쿼리]-[쿼리 디자인]명령 선택합니다. [테이블 표시]대화상자 "고객정보관리", "예금관리" 테이블 [추가]선택합니다. ❷ [쿼리 디자인창]에 "고객정보관리" 테이블 "고객번호, 고객명, 생년월일" 필드, "예금관리" 테이블 "상품명, 납입기간, 총납입액, 미납액, 광고수신" 필드 순서대로 위치시킵니다. ❸ [쿼리 디자인창] "고객번호" 필드 정렬 행: 오름차순으로 지정합니다. ❹ "고객목록" 이름으로 쿼리 [저장]-[닫기]합니다.

작업 3 ❶ [만들기]-[폼]-[폼 디자인]명령 선택합니다. ❷ [필드 목록]작업창 [모든 테이블 표시] "고객정보관리" 테이블 확장 "고객번호, 고객명" 필드를 더블클릭 폼으로 이동합니다. ❸ [폼 디자인 도구]-[디자인]-[컨트롤]-[하위 폼/하위 보고서]선택합니다. 폼 본문영역에 드래그합니다. ❹ [하위 폼 마법사 1단계] "기존 테이블 및 쿼리 사용" 선택 합니다. ❺ [하위 폼 마법사 2단계] "테이블/쿼리: 예금관리, 선택한 필드: 상품명, 계약유지현황" 지정 합니다. ❻ [하위 폼 마법사 3단계] "하위폼 연결 필드 선택" 기본값 상태를 유지합니다. ❼ [하위 폼 마법사 4단계] "하위 폼 보고서 이름: 상품별계약유지상태" 지정 [마침]선택합니다. ❽ 작성 중인 상위 폼을 "고객별상품목록" 이름으로 저장합니다. ❾ 폼의 결과 확인하고 [폼 닫기]합니다.

※ 이 작업은 상위 폼을 작성하고 작성된 상위 폼에 하위 폼/보고서 컨트롤을 생성하는 문제입니다.

※ "고객정보" 테이블 내용을 상위 폼으로 "예금관리" 테이블을 하위 폼으로 구성합니다.

작업 4 ❶ [만들기]-[보고서]-[보고서 마법사]명령 선택합니다. ❷ [보고서 마법사 1단계] "테이블/쿼리: 고객정보관리, 선택한 필드:고객명, 생년월일, 개설점" 선택합니다. ❸ [보고서 마법사 1단계] "테이블/쿼리: 예금관리, 선택한 필드: 상품명, 미납액" 선택합니다. ❹ [보고서 마법사 2단계] "그룹화 기준 필드: 개설점" 선택합니다. ❺ [보고서 마법사 3단계] "정렬 기준 필드: ""생년월일" 필드를 내림차순, "미납액" 필드를 오름차순 지정합니다. ❻ [보고서 마법사 4단계] 기본값 상태 유지합니다. ❼ [보고서 마법사 5단계] "보고서 이름: 지점별미납액출력" 지정 [마침]선택합니다. ❽ 보고서 결과 확인 후 [저장]-[닫기]합니다.

프로젝트 6

작업1 ❶ [탐색창]-[테이블] "예금관리" [마우스 오른쪽 버튼]-[디자인 보기]명령 선택합니다. ❷ "계약일" 필드 선택 "필드 속성 기본값: =DATE()" 입력합니다. ❸ "광고 수신" 필드 선택 "필드 속성 기본값: YES" 입력합니다.

작업2 ❶ [만들기]-[테이블]-[테이블 디자인]명령 선택합니다. ❷ "필드이름: 고객관리번호, 데이터형식: 일련번호" 지정합니다. ❸ "필드이름: 고객성명, 데이터형식: 짧은텍스트" 지정합니다. ❹ "필드이름: 연락처, 데이터형식: 짧은텍스트" 지정합니다. ❺ "고객관리번호" 필드 선택 [마우스 오른쪽 버튼]-[기본키]선택합니다. ❻ "상담고객" 이름의 테이블로 저장합니다. ❼ "연락처" 필드 선택 "필드 속성: 입력 마스크 대화상자" 선택합니다. ❽ [입력마스크 마법사]-[전화번호]지정 [마침]선택합니다. ❾ 테이블 [저장]-[닫기]합니다.

※ "짧은텍스트" 형식은 255자 미만의 자료를 입력할 수 있는 형식입니다.
※ 기본키 지정은 [마우스 오른쪽 버튼] 또는 디자인 메뉴의 "기본키" 선택하여도 가능합니다.
※ 입력 마스크 마법사의 선택 내용 중 변경항목이 없으면 입력 마스크 종류 선택 후 [마침]합니다.

작업3 ❶ [파일]-[옵션]-[Access 옵션]-[현재 데이터베이스] "폼 표시: 이자율" 선택 [확인]선택합니다. ❷

현재 데이터베이스를 종료하지 않습니다.

작업4 ❶ [탐색창]-[보고서]-"고객정보인쇄" [마우스 오른쪽 버튼]-[디자인 보기]명령 선택합니다. ❷ [보고서 도구 디자인]-[디자인]-[머리글/바닥글]-[제목] 선택합니다. ❸ [보고서 도구 디자인]-[디자인]-[머리글/바닥글]-[페이지 번호]를 선택하고, [페이지 번호]대화상자에서 "위치: 페이지 아래쪽[바닥글]"으로 지정합니다. ❹ [보고서 디자인]화면의 "보고서 머리글" 및 "페이지 바닥글" 구역에 추가된 결과 확인 후 보고서 [저장]-[닫기]합니다.

작업5 ❶ [외부데이터]-[가져오기 및 연결]-[텍스트 파일]선택합니다. ❷ [외부 데이터 가져오기 - 텍스트 파일]대화상자 경로 설정 후 "추가고객.csv" 파일 선택합니다. ❸ [외부 데이터 가져오기 - 텍스트 파일]대화상자 "연결 테이블을 만들어 데이터 원본에 연결" 선택합니다. ❹ [텍스트 연결 마법사] "구분 기호: 쉼표(,)" 지정합니다. ❺ [텍스트 연결 마법사] "첫 행에 필드 이름 포함" 선택합니다. ❻ [텍스트 연결 마법사] "필드형식지정" 변경사항 없이 [확인]선택합니다. ❼ [텍스트 연결 마법사] "연결 테이블 이름: 추가고객" 입력 [마침]선택합니다.

프로젝트 7

작업1 ❶ [탐색창]-[보고서] "상품별인쇄" [마우스 오른쪽 버튼]-[디자인 보기]명령 선택합니다. ❷ 본문 구역 "상품명" 필드가 바운드된 텍스트 상자 선택 "속성 시트 컨트롤 원본: =[상품명] & "(" & [고객번호] & ")" " 수식 입력합니다.

※ &연산자: 주어진 값을 연결하는 연산자

※ 문제에서 주어진 필드와 필드 사이의 추가될 문자는 "문자열" 처리합니다.

※ &연산자 양 옆은 항상 띄어쓰기 한 칸 필요합니다.

※ 문제에 "상품명" 레이블의 값이란. "본문 구역"에서 실제 상품명 값을 표시하는 텍스트 상자를 의미합니다.

작업2 ❶ [탐색창]-[보고서] "상품별인쇄" [마우스 오른쪽 버튼]-[디자인 보기]명령 선택합니다. ❷ 보고서 머리글 구역 "레이블" 컨트롤 선택 "상품가입현황" 내용 입력

합니다. ❸ 보고서 머리글 구역 "레이블" 컨트롤 선택 "속성 시트 문자색: 어두운 텍스트" 지정 합니다. ❹ [보고서 디자인 도구]-[디자인]-[머리글/바닥글]-[날짜 및 시간]명령 선택합니다. ❺ [날짜 및 시간]대화상자 "날짜 포함 선택, 시간 포함 해제" [확인]선택합니다. ❻ 보고서 미리보기로 결과 확인 보고서 [저장]-[닫기]명령 선택합니다.

작업3 ❶ [탐색창]-[보고서] "상품별인쇄" [마우스 오른쪽 버튼]-[디자인 보기]명령 선택합니다. ❷ 페이지 머리글 구역 "계약일" 레이블 선택 "속성 시트 캡션: 가입일" 입력 합니다. ❸ 인쇄 미리보기 결과 확인 후 [저장]-[닫기]합니다.

작업4 ❶ [파일]-[옵션]-[Acces 옵션]-[현재 데이터베이스] "닫을 때 압축" 지정 [확인]선택합니다.

프로젝트 1

작업1 ❶ [탐색창]-[쿼리] "출고관리" [마우스 오른쪽]-[열기]선택합니다. ❷ "추가생산"과 "제품사진" 필드 이름 드래그 범위 설정 [마우스 오른쪽 버튼]-[필드 숨기기] 선택 합니다. ❸ "점검일자" 필드 선택 [마우스 오른쪽 버튼]-[필드 고정]선택합니다. ❹ 쿼리 저장 후 [닫기]합니다.

작업2 ❶ [탐색창]-[쿼리] "출고관리" [마우스 오른쪽]-[디자인 보기]명령 선택합니다. ❷ "출고관리" 쿼리 디자인창 마지막 필드에 "불량률: 불량수량 / 생산수량"의 계산필드를 추가합니다. ❸ "불량률" 필드 이름 [마우스 오른쪽 버튼]-[속성]명령 선택합니다. [속성 시트]의 "형식: 백분율, 소수 자릿수: 1"로 지정합니다. ❹ 쿼리 저장 후 [닫기]합니다.

※ 계산 필드를 작성할 때 디자인창 필드 행에 " 새로운필드이름 : 계산식"으로 작성합니다.
※ 계산 필드를 작성할 때 "필드이름" 만 입력합니다. "[]" 기호는 자동으로 생성됩니다.

작업3 ❶ [만들기]-[쿼리]-[쿼리 마법사]-[단순 쿼리] 선택합니다. ❷ [단순 쿼리 마법사 1단계]에서 "생산관리" 테이블의 "출고지역, 계획수량" 필드를 선택합니다. ❸ [단순 쿼리 마법사 2단계]에서 [요약]-[요약 옵션] 선택 "최소값, 최대값" 함수 지정 후 확인 선택합니다. ❹ [단순 쿼리 마법사 3단계]에서 "쿼리 제목: 판매지역요약" 지정 [마침]선택합니다. ❺ 쿼리 결과 확인 후 [닫기] 선택 합니다.

※ "단순 요약 쿼리, 크로스 탭 쿼리" 작성은 '쿼리 마법사'를 활용합니다.
※ 쿼리 마법사를 사용할 때 문제에서 제시된 이 외의 선택사항은 기본값을 유지합니다.

작업4 ❶ [만들기]-[쿼리]-[쿼리 디자인]명령 선택합니다. ❷ [테이블 표시]대화상자에서 "제품관리"와 "생산관리" 테이블을 선택 표시합니다. ❸ 쿼리에 포함될 "제품코드, 제품명, 단가, 추가생산" 필드를 디자인 창으로 이동합니다. ❹ "제품코드 정렬: 내림차순", "제품명 정렬: 오름차순", "단가 조건: >=500000", "추가생산 조건: NO" 지정 합니다. ❺ 쿼리 실행 후 "추가생산없음" 이름으로 [저장]합니다.

프로젝트 2

작업1 ❶ [탐색창]-[폼] "제품생산" [마우스 오른쪽 버튼]-[디자인 보기]명령 선택합니다. ❷ [폼 디자인 도구]-[서식]-[배경]-[배경 이미지]명령 선택합니다. ❸ [그림 삽입]대화상자에서 경로 설정 후 "배경-3.png" 선택 [열기]합니다.

작업2 ❶ [탐색창]-[폼] "제품생산" [마우스 오른쪽 버튼]-[디자인 보기]명령 선택합니다. ❷ 본문 영역 왼쪽의 레이블 컨트롤 선택 [속성 시트] "글꼴 두께: 굵게, 문자색: 검정 텍스트, 텍스트 맞춤: 배분" 속성을 지정합니다. ❸ 본문 영역 오른쪽의 텍스트상자 컨트롤 선택 [속성 시트] "특수 효과: 볼록" 속성을 지정합니다. ❹ 쿼리 결과 확인 후 [저장]-[닫기]합니다.

작업3 ❶ [탐색창]-[폼] "제품생산" [마우스 오른쪽 버튼]-[디자인 보기]명령 선택합니다. ❷ [폼 디자인 도구]-[컨트롤]-[하위 폼/하위 보고서]선택 "제품생산" 폼 본문영역 하단에 드래그 생성합니다. ❸ [하위 폼 마법사 1단계] 하위폼으로 사용할 데이터 선택 "기존 테이블 및 쿼리 사용" 선택합니다. ❹ [하위 폼 마법사 2단계] "쿼리: 추가생산없음" 선택하고 모든 필드를 "선택한 필드"로 이동합니다. ❺ [하위 폼 마법사 3단계] "기본 폼과 하위 폼 연결 필드 지정: 목록에서 제품번호" 선택합니다. ❻ [하위 폼 마법사 4단계] 하위 폼 이름 " 생산없음"입력 [마침]선택 합니다. ❼ 폼 보기 결과 확인 후 [저장]-[닫기]선택 합니다.

※ 폼이나 보고서에 컨트롤을 삽입할 때 " 디자인 보기"상태에서 작업합니다.

작업4 ❶ [탐색창]-[폼] "제품생산" 선택 [파일-[인쇄]-[인쇄 미리보기]선택 합니다. ❷ [인쇄 미리 보기]-[페이지 레이아웃]-[가로]선택 합니다. ❸ [인쇄 미리 보기]-[페이지 레이아웃]-[열]선택 합니다. [페이지 설정]대화상자 "행 간격: 2Cm" 지정 [확인]선택 합니다.

프로젝트 3

작업 1 ❶ [탐색창]-[마우스 오른쪽 버튼]-[탐색 옵션]명령 선택합니다. ❷ [탐색 옵션]대화상자 "표시 옵션: 숨겨진 개체 표시" 지정 [확인]선택합니다.

작업 2 ❶ [데이터베이스 도구]-[관계]-[관계]명령 선택합니다. ❷ [관계]작업창 [마우스 오른쪽]-[테이블 표시] "생산관리" 테이블 [추가]합니다 ❸ 관계에 필요한 "제품번호" 필드를 "제품코드" 필드위로 드래그합니다. ❹ [관계 편집]-[조인 유형]명령 선택합니다. ❺ [조인 속성] "'제품관리'에서는 모든 레코드를 포함하고 '생산관리'에서는 조인된 필드가 일치하는 레코드만 포함" 조인 유형 선택 [확인]선택합니다. ❻ [관계 편집]-[만들기]선택 합니다. ❼ 관계 저장 후 [관계]창 [닫기]합니다.

작업 3 ❶ [탐색창]-[쿼리] "출고관리" 선택 [외부 데이터]-[내보내기]-[Excel]명령 선택합니다. ❷ [내보내기 - Excel 스프레드시트]대화상자 "파일이름: 출고관리통계.xlsx, 파일 형식: Excel Workbook(*.xlsx), 서식 및 레이아웃과 함께 내보내기" 선택 합니다. ❸ [내보내기 - Excel 스프레드시트]대화상자 "내보내기 단계 저장" 선택하지 않고 [닫기]선택합니다.

※ 문제에서 제시된 이외의 선택사항은 기본값을 유지해야합니다.

작업 4 ❶ [탐색창]-[테이블] "생산관리" 테이블 [마우스 오른쪽 버튼]-[테이블 속성]명령 선택합니다. ❷ [생산관리 속성]대화상자 "설명: 2021년도" 입력 [확인]선택합니다.

작업 5 ❶ [만들기]-[쿼리]-[쿼리 마법사]-[단순 쿼리]선택 합니다. ❷ [단순 쿼리 마법사 1단계] "테이블: 생산관리", "선택한 필드: 출고지역, 점검일자, 생산수량" 지정 [다음]선택합니다. ❸ [단순 쿼리 마법사 3단계] [요약]-[요약 옵션] "생산수량의 합계" 지정 [확인]선택합니다. ❹ [단순 쿼리 마법사 3단계] "날짜 그룹화 기준: 월" 지정 [다음]선택합니다. ❺ [단순 쿼리 마법사 4단계] "쿼리 제목: 4월 생산수량 합계" 입력 [마침]선택합니다.

※ 쿼리 작성에 필요한 필드가 "출고지역, 점검일자, 생산수량"인 것을 문제에서 판단합니다.

※ 쿼리 마법사를 사용하는 문제는 "단순요약쿼리, 크로스탭 쿼리" 작성 문제가 출제됩니다.

작업 6 ❶ [만들기]-[폼]-[폼 디자인]명령 선택합니다. ❷ [폼 디자인 도구]-[디자인]-[도구]-[기존 필드 추가]명령 선택합니다. ❸ [필드 목록]작업창 "관리사원" 테이블 "사원명"필드, "제품관리" 테이블 "제품번호", "제품명"필드 더블클릭해서 폼으로 이동합니다. ❹ [폼 디자인 도구]-[디자인]-[컨트롤]-[하위 폼/보고서]명령 선택 폼 아래쪽에 드래그 생성합니다. ❺ [하위 폼 마법사 1단계] "기존 테이블 및 쿼리 사용" 선택합니다. ❻ [하위 폼 마법사 2단계] "테이블: 생산관리, 선택한 필드: 모든 필드 선택" 이동 합니다. ❼ [하위 폼 마법사 3단계] 기본상태에서 [다음]선택합니다. ❽ [하위 폼 마법사 5단계] "하위 폼 이름: 사원별 생산" 입력 [마침]선택합니다. ❾ 작성 중인 폼을 "사원별 제품관리" 이름으로 저장 [닫기]합니다.

작업 7 ❶ [만들기]-[보고서]-[보고서 마법사]명령 선택합니다. ❷ [보고사 마법사 1단계] "테이블: 관리사원"에서 "사원명" 필드 선택필드로 이동, "테이블: 생산관리"에서 "출고지역" 필드 선택한 필드로 이동, "테이블: 제품관리"에서 "제품명", "단가" 필드 선택한 필드로 이동, "테이블: 생산관리"에서 "생산수량" 필드 선택한 필드로 이동합니다. ❸ [보고사 마법사 2단계] 그룹화 지정: "사원명" 필드를 선택합니다. ❹ [보고사 마법사 3단계] 정렬 기준: "출고지역: 내림차순, 생산수량: 오름차순" 선택합니다. ❺ [보고사 마법사 4단계] 기본값 선택 유지합니다. ❻ [보고사 마법사 5단계] 보고서 제목: "사원별 제품관리" 지정 [마침]선택합니다. ❼ 보고서 결과 확인 후 [닫기]선택 합니다.

※ 필드를 선택할 때 문제에서 제시된 순서대로,그룹화 기준으로 사용할 필드까지 선택합니다.

프로젝트 4

작업1 ❶ [탐색창]-[테이블] "관리사원" 테이블 [마우스 오른쪽 버튼]-[디자인 보기]명령 선택합니다. ❷ "관리번호" 필드 선택 [필드 속성] "캡션: 사원관리제품" 입력 합니다. ❸ 테이블 [저장]-[닫기]합니다.

작업2 ❶ [탐색창]-[테이블] "생산관리" 테이블 [마우스 오른쪽 버튼]-[열기]명령 선택합니다. ❷ [홈]-[정렬 및 필터]-[고급]-[고급 필터/정렬]명령 선택합니다. ❸ [생산관리필터1]디자인 창 "생산관리" 테이블의 "출고지역", "불량수량" 필드를 디자인창으로 이동합니다. ❹ [디자인 창] "출고지역 필드 정렬: 오름차순", "불량수량 필드 정렬: 내림차순" 지정합니다. ❺ [홈]-[정렬 및 필터]-[고급]-[필터/정렬 적용]선택합니다. ❻ 정렬 결과 확인 테이블 [저장]-[닫기]선택합니다.

※ 사용할 필드를 선택할 때 마우스로 더블클릭 또는 드래그로 이동합니다.

작업3 ❶ [탐색창]-[테이블] "생산관리" [마우스 오른쪽 버튼]-[열기]명령 선택합니다. ❷ [홈]-[레코드]-[요약]명령 선택합니다. ❸ 테이블에 추가된 "요약" 행 "불량수량" 필드에 "평균" 함수 선택합니다. ❹ 결과 확인 후 테이블 [저장]-[닫기]합니다.

작업4 ❶ [파일]-[옵션]-[현재 데이터베이스] "닫을 때 압축" 지정 후 [확인]선택합니다 ❷ 현재 데이터베이스를 [저장]합니다.

작업5 ❶ [파일]-[옵션]-[현재 데이터베이스] "폼 표시: 사원명" 지정합니다. ❷ 현재 데이터베이스를 [저장]합니다.

프로젝트 5

작업1 ❶ [탐색창]-[테이블] "관리사원" [마우스 오른쪽 버튼]-[디자인 보기]명령 선택합니다. ❷ "사원명" 필드 선택 [마우스 오른쪽 버튼]-[기본키]명령 선택합니다. ❸ 테이블 [저장]-[닫기]합니다.

작업2 ❶ [데이터]-[가져오기 및 연결]-[텍스트 파일]명령 선택합니다. ❷ [외부 데이터 가져오기 - 텍스트 파일]대화상자 경로 지정 후 "추가생산.csv" 파일 선택합니다. "다음 테이블에 레코드 복사 추가: 생산관리" 지정 [확인]선택 합니다. ❸ [텍스트 가져오기 마법사 1단계] "구분 기호" 선택합니다. ❹ [텍스트 가져오기 마법사 2단계] "구분 기호 종류: 쉼표(,), 첫 행에 필드이름 포함" 선택합니다. ❺ [텍스트 가져오기 마법사 3단계] "추가할 테이블: 생산관리" 확인 합니다. ❻ [텍스트 가져오기 마법사 4단계] "가져오기 단계 및 저장" 지정 없이 [닫기]선택합니다.

작업3 ❶ [만들기]-[서식파일]-[응용 프로그램 요소]-[빠른 시작: 설명]명령 선택합니다. ❷ [간단한 관계 만들기]대화상자 "한 제품관리에 여러 '설명'연결합니다. '제품관리'테이블" 지정합니다. ❸ [조회 열 선택]대화상자 "제품관리의 필드: 제품번호, 조회 열 이름: 생산번호" 지정 [만들기]선택합니다.

작업4 ❶ [탐색창]-[테이블] "관리사원" [마우스 오른쪽 버튼]-[디자인 보기]명령 선택합니다. ❷ "사원명" 필드 선택 "필드 속성 크기: 20" 지정 합니다. ❸ 테이블 [저장]-[닫기]합니다.

작업5 ❶ [탐색창]-[테이블] "생산관리" [마우스 오른쪽 버튼]-[디자인 보기]명령 선택합니다. ❷ "추가생산" 필드 "필드 속성 기본값: yes" 지정 합니다. ❸ 테이블 [저장]-[닫기]합니다.

프로젝트 6

작업1 ❶ [만들기]-[테이블]-[테이블 디자인]명령 선택합니다. ❷ 첫 번째 필드 "필드 이름: 사원번호, 데이터 형식: 일련 번호", 두 번째 필드 "필드 이름: 사원이름, 데이터 형식: 짧은 텍스트", 세 번째 필드 "필드 이름: 입사성적, 데이터 형식: 숫자, 필드 속성 형식: 표준, 필드 속성 소수 자리수: 1" 지정합니다. ❸ "사원번호" 필드 선택 [마우스 오른쪽 버튼]-[기본 키]지정 합니다. ❹ 테이블 이름 "사원관리" [저장]-[닫기]합니다.

작업2 ❶ [만들기]-[쿼리]-[쿼리 디자인]명령 선택합니다. [테이블 표시]-[쿼리] "출고관리" [추가]합니다. ❷ [쿼리 도구]-[디자인]-[쿼리 유형]-[테이블 만들기] "새 테이블 이름: 김치냉장고" 지정 합니다. ❸ "출고관리" 쿼리 필드 중 "추가생산"필드를 제외한 모든 필드를 디자인 창으로 이동합니다. ❹ [디자인 창] "제품명 필드 조건행 : 김치냉장고" 지정합니다. ❺ [쿼리 도구]-[결과]-[실행]명령 선택합니다. ❻ [탐색창]-[테이블] "김치냉장고" 생성 확인합니다. ❼ [쿼리1]-[저장] "쿼리 이름: 김치냉장고만들기" [저장]-[닫기]선택합니다.

작업3 ❶ [만들기]-[쿼리]-[쿼리 디자인]명령 선택합니다. ❷ [테이블 표시]대화상자에서 "생산관리, 제품관리" 테이블 [추가]선택합니다. ❸ [디자인 창]으로 "출고지역", "제품번호", "제품명" 필드 드래그 이동합니다. ❹ [디자인 창] 마지막 필드에 "생산금액: 단가 * 생산수량" 입력 합니다. ❺ [쿼리 도구]-[디자인]-[결과]-[실행]명령 선택합니다. ❻ 쿼리 실행 결과 확인 후 쿼리 이름 "생산금액계산" [저장]-[닫기]선택합니다.

작업4 ❶ [파일]-[다른 이름으로 저장]명령 선택합니다. ❷ [데이터베이스 저장 형식]-[고급]-[데이터베이스 백업]-[다른 이름으로 저장]선택합니다. ❸ [다른 이름으로 저장]대화상자 기본값 유지상태에서 [저장]선택합니다.

프로젝트 7

작업1 ❶ [탐색창]-[보고서] "지역별생산출력" [마우스 오른쪽 버튼]-[디자인 보기]명령 선택합니다. ❷ 보고서 왼쪽 상단의 보고서 전체 선택 [속성시트] "레코드 원본: 생산관리" 지정 합니다. ❸ "점검일자" 레이블 아래 본문 영역의 "점검날짜"가 연결된 컨트롤 선택 [속성 시트] "컨트롤 원본: 점검일자" 지정 합니다.
※ 폼이나 보고서의 레코드 원본을 지정할 때는 폼/보고서 왼쪽 상단 전체를 선택해야합니다.
※ "점검일자" 레이블의 컨트롤 이란 "점검일자" 레이블과 연관된 텍스트상자를 의미합니다.
※ "속성시트" 는 [보고서 디자인 도구]-[디자인]-[도구] "속성시트"를 선택하여 표시할 수 있습니다.

작업2 ❶ [탐색창]-[보고서] "지역별생산출력" [마우스 오른쪽 버튼]-[디자인 보기]명령 선택합니다. ❷ "페이지 머리글" 영역 "제품코드" 레이블 선택 [속성 시트] "캡션: 생산제품코드" 지정 합니다. ❸ 보고서 [저장]-[닫기]합니다.

작업3 ❶ [탐색창]-[보고서] "지역별생산출력" [마우스 오른쪽 버튼]-[디자인 보기]명령 선택합니다. ❷ 본문 영역 모든 컨트롤 선택 [보고서 디자인 도구]-[정렬]-[크기 및 순서 조정]-[크기/공간]-[가로 간격 같음]선택합니다. ❸ 본문 영역 모든 컨트롤 선택 [보고서 디자인 도구]-[정렬]-[위치]-[여백 조정]-[좁게]선택합니다.
※ 여러 컨트롤을 선택할 때 "Shift"키를 사용하거나, 마우스로 드래그해서 선택합니다.

작업4 ❶ [탐색창]-[보고서] "지역별생산출력" [마우스 오른쪽 버튼]-[디자인 보기]명령 선택합니다. ❷ 출고지역 머리글 영역 "출고지역" 텍스트 상자 선택 [속성시트] "컨트롤 원본: =[출고지역] & " " & [제품코드]" 입력합니다. ❸ 보고서 [저장]-[닫기]합니다.
※ 하나의 텍스트 상자에 여러 필드값을 표시할 때 "&연산자"를 사용해서 연결해서 표시합니다.
※ 식을 작성할 때 "[]" 괄호는 생략가능합니다.

작업 5 ❶ [탐색창]-[보고서] "지역별생산출력" [마우스 오른쪽 버튼]-[디자인 보기]명령 선택합니다. ❷ [보고서 디자인 도구]-[디자인 도구]-[머리글/바닥글]-[페이지 번호]명령 선택합니다. ❸ [페이지 번호]대화상자 "형식: N/M 페이지, 위치: 페이지 아래쪽[바닥글], 맞춤: 오른쪽" 지정 [확인]선택 합니다. ❹ 보고서 [저장]-[닫기]합니다.

Access

Word

Excel

PowerPoint

MEMO